KURT TEPPERWEIN

Das *Atman* Bewusstsein

Wie wir zur Wirklichkeit erwachen, um das Spiel des Lebens zu spielen

AMRA

Brandheiße Infos finden Sie regelmäßig auf:
www.facebook.com/AMRAVerlag

Besuchen Sie uns im Internet:
www.AmraVerlag.de

Eine Originalausgabe im AMRA Verlag
Hotline: + 49 (0) 61 81 – 18 93 92
Email: Info@AmraVerlag.de

Herausgeber & Lektor	Michael Nagula
Einbandgestaltung	FranklDesign
Layout & Satz	Birgit Letsch
Druck	Clausen & Bosse

ISBN Printausgabe 978-3-95447-205-5
ISBN eBook 978-3-95447-206-2

INHALT

DURCHBRUCH
IN DIE WIRKLICHKEIT

In seinem neuesten Werk durchbricht Kurt Tepperwein die
Schranken zwischen Realität und Illusion. Das faszinierende Thema des ATMAN, des reinen Bewusstseinskerns
jedes Wesens, wird uns hier leicht verständlich und detail-
liert näher gebracht. Dabei dringt sein aktuelles Buch in
Bereiche vor, die den Leser wachrütteln, ihn erkennen lassen und ein einfaches Nachvollziehen ermöglichen, um
den Alltag harmonischer und bewusster gestalten zu können
und mehr Leichtigkeit zu erfahren.

Wie man DAS ATMAN-BEWUSSTSEIN für sich entdecken und entfalten kann, wie wir unser Bewusstsein
»trainieren« und wie man Urvertrauen und Liebe erfährt,
sind nur einige wenige der spannenden und umfangreichen
Themen. Aufgeteilt in zwei übersichtliche Teile, die man
durchaus als Theorie und Praxis bezeichnen könnte, berührt
das Buch durch liebevolle und tief greifende Erkenntnisse. Werkzeuge und praxisnahe Übungen muss man hier
ebenfalls nicht missen, es gibt ausgiebig Hilfe zur Selbst-
hilfe und jede Menge Anwendungsbeispiele. Auch das

Wissen um das ATMAN-Bewusstsein selbst kommt nicht zu kurz. Es wird einfach und mit sehr viel Herz erklärt und auf den Punkt gebracht.

Kurt Tepperweins neuestes Werk ist weit mehr als eine Anleitung für ein erfüllteres Leben, es ist wahrlich erweckend. Es ermuntert uns, Einsichten zu bekommen und genauer hinzusehen, was uns das Leben zu sagen hat. Es lädt uns ein, den Aufbruch zu uns selbst zu wagen und in Selbstverantwortung Entscheidungen zu treffen, die unser Leben verändern können. Hier ist der Autor der Realität auf der Spur und animiert dazu, bewusster zu SEIN, mitzumachen, aktiv zu sein und eine optimale Lebenshaltung einzunehmen. So bereiten wir uns darauf vor, vermeintlichen Problemen distanziert und neutral zu begegnen.

Gerade in dieser Zeit des Umbruchs und der Veränderungen ist DAS ATMAN-BEWUSSTSEIN eine äußerst wertvolle Hilfe für jeden, der sich seine Neugier aufs Leben bewahrt hat und nach wahren Werten Ausschau hält – ein rundum gelungenes Werk, das durchaus als Highlight unter den bisherigen Werken des Autors gelten kann. Nicht nur, weil es vom höchsten Wissen erzählt, dem ATMAN, unserem reinen Bewusstseinskern, sondern auch, weil es so viel Mitgefühl transportiert und herzöffnend wirkt.

Felix Aeschbacher

Teil 1

DAS WISSEN
DES ATMAN-BEWUSSTSEINS

ATMAN-Bewusstsein
für sich entdecken

# Vorwort

Wir kennen die ganze Welt, aber kennen wir uns selbst? Die größte Entdeckung, die wir in unserem Leben machen können, besteht darin, uns selbst zu entdecken. Das Leben ist eine Forschungsreise in die Grenzenlosigkeit unseres SEINS, die wir unternehmen, um wieder zu unserem Ursprung zurückzukehren. Wir sind dazu aufgerufen und bestimmt, wieder in die vergessene Vollmacht einzutreten und die Schöpfung mitzugestalten.

Wenn Sie sich auf das Abenteuer des Erfahrens der eigenen Identität einlassen, dann besteht wohl die größte Schwierigkeit darin, die EINFACHHEIT dieser Reise zu akzeptieren. Unser Verstand meint immer, alles Große müsse entsprechend kompliziert und schwierig sein. Doch es bedarf gar keiner Anstrengung. Sie müssen nicht über Jahre hinweg an sich arbeiten, um Ihr Selbst zu erreichen, und es bedarf auch keiner Mühe, um auf die Wahrheit zu stoßen. Es genügt, dass Sie aufwachen, sich erkennen und sich selbst in Besitz nehmen. Die ganze Welt wartet darauf, dass wir endlich erwachen. Dann und erst dann kann das wahre Leben beginnen.

Es könnte schon DIESER AUGENBLICK sein, an dem Sie beginnen, den Weg zu gehen, der Sie in Ihre Heimat führt. Sie müssen nur bereit dazu sein. Dieses Buch ist der Beginn einer »Forschungsreise« ins eigene Bewusstsein.

Jeder bestimmt selbst, wie weit er gehen will. Auf dem Weg wird man sich allmählich seines grenzenlosen Potenzials bewusst und entwickelt das Bedürfnis, auch andere Menschen daran teilhaben zu lassen. Man fühlt sich aufgerufen, die Größe eines jeden einzelnen Menschen hervorzurufen, damit die Vielfalt der Erscheinungen in die Einheit zurückkehren kann.

Unser Ziel ist der gemeinsame Weg, um das Leben bewusst zu erfahren und sich zusammen in dem Einen Bewusstsein wiederzufinden.

Wir alle sind Könige, und unser Reich ist die Zukunft. Wir beherrschen unser Reich aber nicht, wenn der Verstand sich zum Diktator aufschwingt und wir das auch noch zulassen. Dann sind unsere Möglichkeiten genauso begrenzt, wie es der Verstand selbst ist. Er kann nicht über sein angelerntes und angeeignetes Wissen hinaus sehen, und Bewusstsein ist ihm fremd. Für ihn ist Bewusstsein nur ein Begriff oder ein Wort.

Dabei ist Bewusstsein weitaus mehr als eine Vorstellung. Es ist nicht nur das, was wir sind, es ist das Einzige, was wirklich existiert. Das, was wir Leben nennen, »erscheint« – Bewusstsein IST. Bewusstsein war da, bevor es Leben gab. Der Mensch *hat* kein Bewusstsein, denn er IST es.

Irgendwann in diesem Leben stellt sich wohl jeder die Frage: »Kann es das wirklich gewesen sein? War das schon alles?« Tief im Innersten ahnt man vielleicht sogar, dass das Leben faszinierende Möglichkeiten bieten könnte, die man eventuell übersehen oder ungenutzt gelassen hat. Aber was ist zu tun, damit die Tiefe des Lebens entdeckt werden kann? Man fühlt sich ein wenig hilflos, wenn man mitten im Leben steht und zwar vermutet, was man ist, es aber nicht erfassen kann. Automatisch entsteht eine »konstruktive Unzufriedenheit«, die sich mehr und mehr einnistet, je mehr man auf der Suche nach dem eigentlichen Leben weiterhin erfolglos bleibt.

Das Wissen über BEWUSSTSEIN und darüber, wie wir von der Schöpfung »gemeint« sind, braucht Erfahrung. Wer das Wissen nicht lebt und nicht umsetzen kann, bleibt wohl in diesem stecken. Nur wer nach *innen* schaut und die Wirklichkeit *in sich* erkennt, wird auf die Zufriedenheit stoßen, die er sich *ersehnt*.

Wir alle haben uns auf die Suche gemacht, um das Besondere zu finden. Nachdem uns die Suche aber nirgendwo hingeführt hat, beenden wir sie doch einfach und beginnen damit, im Augenblick und im Momentanen die Erfüllung zu finden. Erst dann können wir erkennen, dass wir alles, was wir suchen, bereits in uns tragen!

Der erste Schritt auf dem Lebensweg zur Wirklichkeit ist die Wiederbegegnung mit dem SELBST. Der Sinn des Menschseins ist ja der, sich selbst als das *wahre Selbst* zu erkennen. Wir suchen die Erfüllung lange im Außen, bis wir eines Tages bemerken, dass es uns nicht dauerhaft glücklich machen kann. Es beginnt damit, dass wir uns ein schönes Spielzeug wünschen. Danach sind es Wünsche wie gute Noten, Prüfungen, die wir bestehen wollen, ein erfolgreiches Studium oder Diplom, eine harmonische Partnerschaft, Erfolg im Beruf und vieles mehr. Dies alles sind aber nur Scheinziele, denn selbst wenn ein Wunsch in Erfüllung geht, steht am Ende doch eine »Ent-täuschung«.

Das Leben ist ein Wechselbad der Gefühle und obliegt der Dualität. Es ist also normal, einmal oben und einmal unten zu sein, da die Polarität nun mal Gegensätze in sich trägt. Die wahre Erfüllung können wir in dieser Illusion, Dualität und Täuschung nicht finden, denn die liegt in den Tiefen verborgen. Es ist das ATMAN-Bewusstsein, das es zu entdecken gibt.

> Erfüllung finden wir nur, wenn wir unser Selbst, unser wahres Selbst gefunden haben, denn jede Suche ist immer nur die Suche nach unserem Selbst – die Suche nach dem, was wir wirklich sind.

Sich als das, was man ist, zu erleben bedeutet nicht die Abkehr vom Leben, denn das Außen ist lediglich ein Spiegelbild des Inneren und somit das Hilfsmittel. Nur über den Körper, die Sinne, das Ego, die Gedanken und Gefühle wird man sein *wahres Selbst* entdecken können. Diese Hilfsmittel sind also nicht unsere Gegner, sondern unsere Wegbegleiter. Das Außen, unser Umfeld, unser Körper, sind zwar eine Täuschung, aber es sind unsere notwendigen Freunde und Helfer, die uns auf dem Weg nach innen begleiten.

DER AUFRUF DES »ATMAN-BEWUSSTSEINS«

*»Eine Änderung des Bewusstseins
verändert unbewusst auch das Sein.«*
Gerhard Uhlenbruck

Es ist an der Zeit, zu sich selbst zu erwachen. Wir stehen nämlich an einem Wendepunkt unserer Geschichte. Wahrscheinlich geschieht zum ersten Mal in der Geschichte Evolution nicht vorrangig biologisch-physikalisch, sondern im Bewusstsein. Es vollzieht sich die bewusste Gestaltung der Realität durch den erwachenden Geist des Menschen.

Wir haben das Potenzial, unsere Göttlichkeit für uns zu entdecken. Jeder Mensch trägt den göttlichen Funken in sich, da gibt es keine Ausnahmen, und wir sind so weit geistig erwacht, dass wir den Auftrag der Schöpfung annehmen können, sie aus freien Stücken mitzugestalten. Es ist der erwachte Geist, der diese Fähigkeiten besitzt, alles, ja wirklich alles zu verändern. Der erwachte Geist des Menschen ist wahrlich der entscheidende Faktor, der diesen Schritt der Evolution zu einer besseren Welt für alle überhaupt erst ermöglicht.

Wir sind die treibende Kraft, welche die Große Veränderung bewerkstelligen kann, und jeder Einzelne ist dazu aufgerufen, der Einladung zu folgen. Vielleicht hat die Schöpfung nur darauf gewartet, dass wir zu uns selbst erwachen und die Evolution selbst in die Hand nehmen können. Der erwachende Gott in uns wird zum Antrieb der Evolution und erkennt gleichzeitig seine Göttlichkeit als Ziel dieser Evolution.

Der ganze Kosmos ist die Verkörperung des ewigen ICH BIN. Der ganze Kosmos ist ein einziges, gigantisches und dynamisches sich entfaltendes Wesen, das eine Reihe von Entwicklungsstufen durchläuft, um letztlich ganz zu sich selbst zu erwachen und sich der eigenen Vollkommenheit allumfassend bewusst zu sein. Normalerweise geschieht das in kleinen Schritten, aber mitunter auch in einem Sprung, der uns zu einer neuen Ebene der Bewusstheit führt.

Und dabei geschieht ständig Vereinigung. Subatomare Teilchen verbinden sich zu einem Atom. Aus Vielem wird Ein Größeres. Atome verbinden sich zu einem Molekül, und die Vereinigung vieler Moleküle führt zur Bildung von Zellen, die wiederum einen Organismus bilden. Der Prozess geht weiter, bis alles wieder eine Einheit ist. Diesen Prozess nennen wir Evolution. Und so wie Atome ein Molekül werden, so sind auch wir Menschen aufgerufen, in dieser

Phase der Evolution ein Bewusstsein zu bilden, ohne unsere Individualität zu verlieren – so wie Atome auch im Molekül Atome bleiben.

Atome werden zu Molekülen, indem sie ihre Energien miteinander teilen. Indem wir die Vielfalt unseres Soseins miteinander teilen, wird daraus die nächstgrößere Einheit: BEWUSSTSEIN. Dieses Bewusstsein ist ein *ganz neues Wesen*, das uns auffordert, uns dem Göttlichen Plan zur Verfügung zu stellen. Das heißt, wir befinden uns in einer beispiellosen Situation und haben eine große Verantwortung für die Verwirklichung der Evolution. Es *gibt* keine äußere Kraft, die das bewirkt, sondern unser Bewusstsein *verbindet* sich zu diesem neuen Wesen!

Nehmen wir die Zukunft also in die Hand, sonst wird es keine Zukunft geben. Beginnen wir nach innen zu horchen und uns der Frage nach unserem »Wahren SEIN« zu widmen. Wer sind wir? Was bin ich? *Was ist dieses ATMAN-Bewusstsein?* Wer diese Fragen ohne Verstand erfassen kann und die Antwort als Wahrheit für sich entdeckt, ist Meister über sein Selbst und somit über sein Leben.

Verlieren wir uns nicht länger in Ideen und Vorstellungen, sondern bemühen wir uns, die Realität für zu entdecken. Denn etwas Anderes gibt es nicht zu tun.

WAS IST ATMAN-BEWUSSTSEIN?

> *»Zum Bewusstsein kommen heißt: ein Gewissen bekommen, heißt wissen, was gut und böse ist.«*
> Thomas Mann

ATMAN-Bewusstsein ist ...

- die Erkenntnis, dass alles, was ich erlebe, ein Abbild meines Soseins ist. Als ATMAN-Bewusstsein setze ich daher nie mehr eine Ursache, sondern ich BIN die ständige Ursache für Lebensumstände, die mir in jedem Augenblick entsprechen.
- die Erkenntnis: Wenn ich bleibe, wie ich bin, werde ich weiterhin das erleben, was jetzt ist. Wenn ich mich aber ändere, dann wird sich auch mein Leben entsprechend ändern.
- die Erkenntnis zu erlangen, dass der Ursprung der Realität der Geist ist, der Realität »denkt«. Realität ist das, was durch unser Sosein geschaffen wurde und jederzeit geändert werden kann.

- in der Selbst-Identifikation, im Bewusstsein meines Wahren Wesens, meines grenzenlosen Potenzials und meiner Wahren Größe als »erwachter Gott« zu leben.
- vollziehend erleben und mich von allem verwandeln zu lassen. Es bedeutet, das Leben wirklich zu erleben, denn beständige innere Freude ist der schönste Weg zu mir selbst.
- die Erkenntnis, dass die Wahl meiner Identifikation eine bestimmte Schwingung hat und mein Ziel eine bestimmte Schwingung in sich trägt. Indem ich mich mit der Schwingung des Ziels in »EIN-Klang« bringe, wird es »in meiner Realität« zuverlässig in Erscheinung treten.
- die Erkenntnis, dass Mangel und Knappheit nur eine Vorstellung des Verstandes sind. Tatsächlich können wir jederzeit alles »in Erscheinung« treten lassen, da wir das Leben verursachen. Die einzige wirkliche Begrenzung liegt im unbewussten Sein.
- das Wissen, dass die individuelle Realität mit der bewussten Wahl meiner Überzeugungen beginnt. Indem ich eine Möglichkeit der Zukunft durch wahre Identifikation in Besitz nehme, wird daraus eine Realität der Gegenwart.
- wenn ich wieder in die natürliche Ganzheit und in die Vollmacht eintrete, um das »Spiel des Lebens« bewusst zu spielen, das immer nur mir zur Freude stattfindet. Es wird nicht gespielt, damit ich gewinne, sondern es will

gespielt werden. Das Spiel und der Weg wollen genossen werden. Ist das nicht der Fall und es bereitet uns Mühe, dann handeln wir aus der Persönlichkeit heraus, statt als das Eine Bewusstsein zu »agieren«.

- der Weg, Alter-los und Karma-frei zu leben und sich vom »Rad der Wiedergeburt« zu entbinden, sich bewusst zu entscheiden, als was ich leben will, ob ich mein persönliches Ich oder mein Selbst glücklich machen will.

- das »Tor des Himmels« zu öffnen, ständig offen zu halten und mich so ganz bewusst für das, was ich will, resonanzfähig und magnetisch zu machen. Dadurch lasse ich Heilung in meinem Körper oder in den Umständen einfach »geschehen«.

- den Aufbruch zu sich selbst zu wagen und sich der Lebensaufgabe zu stellen. Mitten im Alltag zu stehen und jeden Moment aufmerksam zu erleben und die Dinge wirklich wahrnehmen bedeutet, sich dem AT-MAN-Bewusstsein zu öffnen.

ATMAN bzw. atma (Sanskrit: ātman, Pali: atta, ursprünglich: der Atem, der Lebenshauch) ist die unsichtbare Grundlage, das wirkliche Selbst, die dem Menschen innewohnende Göttlichkeit. Es ist die Seele, welche die Wirklichkeit innerhalb der fünf Schichten (kosha) darstellt, deren äußerste der Körper ist. Es ist der göttliche Funke im Inneren des Körpers, die ureigene menschliche Realität. Es ist die eigentliche Substanz der gesamten »objektiven« Welt. ATMAN ist die einzige beständige Ursubstanz, die hinter dem Schein verweilt, und die Quelle jedes Wesens. ATMAN ist von Natur aus frei von jeglicher Bindung, denn es ist die Wirklichkeit. ATMAN handelt nicht, noch besitzt es eigene Bedürfnisse oder Besitztümer. Es kennt kein »ich« oder »mein«. ATMAN ist unsterblich. Es vergeht nicht und stirbt nicht, wie der Körper oder der relative Geist es tut. Es ist die wesenhafte Wahrheit des Individuums (jiva) und der Zeuge, der unbeirrt von allem Wandel in Zeit und Raum ewig und unveränderlich existiert. Es ist die wahre Triebkraft, die hinter den Impulsen und Zielen der körperlichen Ebene steht.

»Wenn der Körper weggeht, wird die Individualseele (jivin) eins mit dem Universellen. Die Begrenzung scheint dem ATMAN Eigenschaften zuzuweisen, ohne sie ist er das universelle Selbst. Die Individualseele (jivin) kann niemals als ein

Glied oder eine Umwandlung des Universellen betrachtet werden. Es ist und bleibt die Spiegelung der einen Wirklichkeit.«

Mandukya-Upanishad

AUFBRUCH ZU SICH SELBST

»Der ātman ist das Licht des Göttlichen.«
Sri Aurobindo

Ursprünglich hatten die Menschen eine 12-fältige DNS, die sich im Laufe der »Involution« auf zwei Stränge reduziert hat. Das Neue Bewusstsein, das in uns erwacht ist, lässt allmählich zunächst einen dritten DNS-Strang entstehen, wodurch unsere geistigen Fähigkeiten geradezu explodieren. Dadurch können wir uns wieder jederzeit mit dem Höchsten Bewusstsein verbinden oder sogar damit verschmelzen.

Wir gelangen so in den »Fluss des Lebens« – in »EIN-Klang« mit dem Schöpfer, mit uns selbst. Wir lernen, in der Akasha-Chronik, in den Gesichtern der Menschen und in den Lebensumständen zu lesen, und verstehen die »Sprache des Lebens« wieder. Vor allem aber haben wir damit wieder die Fähigkeit, jede beliebige Realität zu manifestieren, denn mit diesem Neuen Bewusstsein sind wir wieder in der Vollmacht.

Sobald wir zum Schöpfer in uns erwacht sind, wird auch das Spiel der Opferrolle enden. In jedem Menschen ist etwas verborgen, das für die Evolution des ganzen Universums sehr wertvoll und wichtig ist. Es sind bestimmte Codes, die für den beabsichtigten Evolutionssprung eine Art Schlüssel darstellen – eine 12-fältige DNS aus codierten Lichtfäden, in der das eigentliche Sein des Menschen gespeichert ist. Erst ihre Aktivierung macht den »Aufbruch zu sich selbst« möglich.

Um diese DNS aus Licht zu aktivieren, brauchen wir ein makelloses und waches Bewusstsein, damit wir die hohen Schwingungen auch empfangen können. Sie sind zwar ständig da, aber wir empfangen sie erst, wenn wir uns auf diese hohe Frequenz eingestellt haben. Es bedarf einer präzisen Einstimmung, um möglichst oft und möglichst lange auf Empfang zu bleiben. Erst eine gewisse Empfangsdauer aktiviert diese DNS aus Licht und lässt sie lebendig und wirksam werden, was zu einem Quantensprung im Bewusstsein führt, der wiederum unseren Evolutionssprung auslöst.

Eine Voraussetzung dazu ist die energetische Qualität der Nahrung, denn jede Nahrung enthält eine bestimmte Schwingungsqualität, die sie dem Bewusstsein vermittelt. Mit der falschen Nahrung verhindern wir zuverlässig die notwendige Bewusstseinsveränderung – oder machen sie bei energetisch hochwertiger Nahrung erst möglich.

Deshalb spreche ich nicht zu Ihrem Verstand, sondern zu Ihnen als Bewusstsein, damit Sie sich wieder an das in Ihren Lichtcodes gespeicherte Wissen erinnern. Wenn Ihr spirituelles Gedächtnis und Ihr Bewusstsein wach genug und bereit für den Sprung in der eigenen »Entwicklung« sind, dann lohnt es sich, nicht über den Verstand zu gehen. Wenn die Information in Ihnen ankommt, dann beginnt Ihr Bewusstsein ganz automatisch wieder mit dem Ganzen zu kommunizieren. Es bedeutet, dass der verlorene Sohn, die verlorene Tochter, das verlorene Kind nach Hause zurückgekehrt ist. Nun kann das eigentliche Leben beginnen.

Es gibt nichts im Universum, was der Mensch nicht bewerkstelligen könnte. Er kann durch alle Dimensionen und durch alle Welten tanzen. Dabei kann er die vollkommene Erinnerung an sich selbst und sein Bewusstsein, durch alle Ebenen hindurch, behalten. Das kollektive Bewusstsein des Menschen befindet sich auf einer Ebene, die zwischen Pflanzen und Tieren liegt. Auf dieser Ebene ist er noch nicht in der Erinnerung seines göttlichen Bewusstseins. Der Mensch aber ist Bewusstsein und somit ein multidimensionales Wesen, das über alle Fähigkeiten verfügt, die im Universum möglich sind.

Der Mensch beginnt zu erahnen, dass jeder von seinem Wahren Wesen her reines ATMAN-Bewusstsein ist, ein ungetrennter Teil des Einen. Dieses Bewusstsein ruht im ersten Chakra und entwickelt sich von dort aufwärts. Mit dem zweiten Chakra erwacht der bewusste Umgang mit der Sexualität und mit der Aktivierung des dritten Chakras die Fülle der Emotionen. Eine Aktivierung des vierten Chakras lässt die Liebe erwachen und das fünfte Chakra das verbale Wissen. Das sechste Chakra bringt die Selbsterkenntnis und die Wahrnehmung der Wirklichkeit; das »Dritte Auge« erwacht. Das siebte Chakra schließlich ist das Erleben der Einheit, die Selbst-Identifikation und Selbst-Erfahrung und Transzendenz und letztlich die Rückkehr in die Leere. Es ist die Leere, die alles ist.

Sobald ich zu mir selbst erwacht bin und als ATMAN-Bewusstsein lebe, erübrigt sich auch sinnloses Nachdenken. Welches Hilfsmittel sollte ich brauchen, um der zu sein, der ich bin? Natürlich sind da noch Gedanken, doch ich lasse mich nicht mehr von ihnen einschüchtern oder belehren. Sie kommen und gehen, und alles spielt sich außerhalb des ATMAN-Bewusstseins ab. Für mein Umfeld bin ich zwar noch der Gleiche, aber ich lebe aus einer anderen Ebene heraus. Ich fühle als ATMAN in mir, und mein Körper tut Dinge, die getan werden sollen. Das ATMAN ändert lediglich das Empfinden und die Frequenz, und eine persönliche Sichtweise schwindet.

Ich nehme meine Welt als Bewusstsein wahr, und als Bewusstsein nehme ich alles wahr, was ist, ohne es einordnen zu wollen. Alles ist, wie es ist. Als Bewusstsein lasse ich sogar meine innere Führung los und übernehme selbst die volle Verantwortung für alles, was geschieht. Ich tue etwas nicht mehr deshalb, weil meine innere Stimme es gesagt hat, sondern weil ich erkenne, dass es stimmt.

Ich höre auf, an mir zu arbeiten, mich zu bemühen, zu kämpfen und vorwärts zu streben, denn wo sollte dieses Vorwärts denn sein? Ich fange damit an, einfach und authentisch zu sein. Ich erkenne: *Alles, von dem ich denke, dass es mich ausmacht, trennt mich in Wirklichkeit von mir.* Mein Ziel ist es, vom »Etwas« zum »Nichts« zu erwachen. Ich komme zur Wirklichkeit, indem ich alles Unwirkliche loslasse. Alles, was geringer ist, als das, was ICH BIN, steht nicht mehr im Mittelpunkt.

Ich folge meinen inneren Leitsätzen, die mich von der Illusion der persönlichen Sicht befreien und von meinen Einbildungen befreien.

EITSÄTZE AUF DEM WEG

»Der Irrtum ist die tiefste Form der Erfahrung.«
Martin Kessel

- Treten wir wieder in die natürliche Ganzheit und in die Vollmacht ein.
- Mangel und Knappheit sind nur Vorstellungen des Verstandes.
- Tatsache ist, dass wir jederzeit jede beliebige Menge von allem »in Erscheinung« treten lassen können.
- Wir alle sind schlafende Götter.
- Es geht nicht darum, unser Leben zu ändern, sondern es zu durchschauen.
- Alles, was wir erleben, ist ein Abbild unseres Soseins.
- Wir haben eine bestimmte Schwingung, so wie das Ziel eine bestimmte Schwingung hat. Deshalb gilt es, sich mit dem Ziel in »EIN-Klang« zu bringen. Hören wir damit auf zu glauben, dass irgendetwas Zeit braucht.
- Entdecken wir die eigene Größe, unser grenzenloses Potenzial, denn dazu sind wir hier.

- Das Spiel des Lebens wird nicht gespielt, um zu gewinnen, sondern um es zu spielen und zu genießen.
- Erkennen wir das Wesen der In-Form-ation und nutzen wir es einfach.
- Der Ursprung der Realität ist der Geist, der die Realität »denkt«.
- Alle Dinge geschehen zuerst im Bewusstsein.
- Die einzige Begrenzung liegt im persönlichen Ich.
- Den Seinen gibt's der Herr im Schlaf.
- Zuerst bedarf es »zu haben« und »zu sein«, dann werde ich bekommen und werden.
- Machen wir uns ganz bewusst für das resonanzfähig und magnetisch, was wir wollen und was uns entspricht.
- Wirklichkeit wirkt mühelos.
- Probieren wir die Zukunft an, bevor wir sie verursachen.
- Realität ist das, was geschaffen wurde, Geist ist das, was erschafft.
- Wir alle sind Bewusstsein, doch kaum einer ist sich dessen bewusst.
- Die individuelle Realität beginnt mit der Wahl unserer Überzeugungen.
- Auch der Körper ist ein Teil der selbsterschaffenen Realität.
- Indem wir durch die Identifikation eine Möglichkeit der Zukunft in Besitz nehmen, entsteht eine Realität der Gegenwart.

- Alles, worauf es ankommt, ist mich wieder an meine Identität zu »er-innern«.

- Vollziehend erleben heißt, mich von allem verwandeln zu lassen.

- Das, was wir glauben, bestimmt das, was wir erleben.

- Wenn wir weiterhin so bleiben, wie wir sind, dann werden wir auch weiterhin das erleben, was wir jetzt erleben. Wenn wir uns ändern, dann ändert sich auch unsere Realität.

- Öffnen wir doch das »Tor des Himmels« und halten wir es offen, damit Erfüllung in uns eintreten kann.

- Zu Bewusstsein kommen heißt, sich an sein Wahres Wesen zu »er-innern«.

- Viele unserer Überzeugungen sind überholt oder sogar schädlich.

- Jeder Wunsch verstärkt den Mangel, weil wir darauf unsere Schöpferische Aufmerksamkeit richten, die ihn unweigerlich verstärkt.

- Das Leben ist unser »individueller Einweihungsweg«, der in die natürliche Ganzheit unseres Wahren Wesens führt.

- Wir können ständig Heilung geschehen lassen.

- Wir können auch Alter-los und Karma-frei leben.

- Auch vom »Rad der Wiedergeburt« können wir uns entbinden.

- Es stellt sich die Frage: Will ich mein persönliches »Ich« glücklich machen oder mich selbst?

- Der Sinn des Lebens ist, es wirklich und ganz bewusst zu erleben.
- Wir sind das eine ATMAN-Bewusstsein. Alles andere ist Illusion und existiert nur in unserer verfälschten Wahrnehmung.
- Leben wir also in einer ständigen inneren Freude, denn das ist der schönste Weg zu unserem Selbst.
- Wer die Werkzeuge des ATMAN-Bewusstseins für sich entdeckt, ist ein wahrlich reicher Mensch.
- Entscheiden wir uns ganz bewusst, als was wir leben wollen.
- Die Merkmale des ATMAN-Bewusstseins sind die einzig wahren Merkmale, die wir auf unserem Weg beachten sollen.

WERKZEUGE, ENTSCHEIDUNGEN UND KENNZEICHEN DES ATMAN-BEWUSSTSEINS

»Das Sein bestimmt das Bewusstsein.«

Karl Marx

❧ Werkzeuge des ATMAN-Bewusstseins

1. ***Zu Bewusstsein kommen.*** Entdecken wir uns selbst und treten wir in unser Göttliches Sein ein. Dann bleiben wir ständig in diesem Bewusstsein, indem wir aus diesem Bewusstsein heraus dieses Eine Bewusstsein sind – es verwirklichen, erfahren und ausdehnen.

2. ***Bewusst leben.*** Leben wir als dieses eine angekommene ATMAN-Bewusstsein, indem wir unsere Aufmerksamkeit immer wieder von Dingen und Gedanken abziehen und einfach bei uns sind.

3. ***Angekommen sein.*** »Angekommen« leben bedeutet, sich in jedem Augenblick bewusst zu sein, was man ist und was man nicht sein kann.

4. *Aufmerksamkeit ausrichten.* Wir lenken die Auf-merksamkeit und damit die Schöpferische Kraft ganz bewusst auf das, was sein soll. So manifestieren wir und leben als Schöpfer. Wir gestalten unser Leben gezielt selbst.

5. *»Selbst-Identifikation« des ICH BIN.* Immer wieder mache ich mir bewusst, als was ich lebe. Das Bewusst-sein, das ich bin, erscheint zwar als Körper, doch ist dieser vergänglich und immer nur vorübergehend. Ich aber bin unvergänglich und ewig.

6. *Gewissheit der Identität.* Ich bestimme durch die Gewissheit meines Seins meine Lebensumstände immer neu.

7. *Anwesenheit.* Ich lebe im Hier und Jetzt und erfahre den Moment. Jeder Augenblick ist ein Fest und somit etwas Besonderes. Nichts ist gut oder schlecht – alles ist, wie es ist.

8. *Urvertrauen.* Immer wieder ins Urvertrauen gehen und sich bewusst sein – alles ist gut. Mir kann nichts pas-sieren – ich kann nur gewinnen.

9, *Botschaften beachten.* Auf die »Sprache der Lebens-umstände« achten, sie beachten und nutzen. Die stän-digen Botschaften nicht übersehen, indem man sich in Gedanken verliert und gar nicht wirklich hier ist.

10. *Nach innen gehen.* Leben ist nicht die Eine Realität. Es ist unsere ganz persönlich Wirklichkeit, die mit der Einen Realität nichts zu tun hat. Deshalb halte ich im-

mer wieder Ausschau nach dem Wesen der Realität, das ich bin. Indem ich meine Aufmerksamkeit darauf ausrichte, kann ich es erfahren. Wer »vollziehend« lebt, wandelt das, was ist, zu dem, was sein soll.

11. *Glauben.* Ein Glaubensmeister werden bedeutet, seine Überzeugungen bewusst auszuwählen. Das, was ich glaube, bestimmt das, was ich erlebe.

12. *Offen sein und bleiben.* Das »Tor des Himmels« öffnen und offen halten bedeutet nicht nur ins Bewusstsein einzutauchen, sondern als dieses Eine Bewusstsein zu leben. Es ist ein ständiges offen sein, die Bereitschaft über den inneren Zugang in das All-Bewusstsein einzutauchen und es auch zu sein.

13. *Aus dem Vollen schöpfen.* Nun kann »geerntet« werden.

☙ Entscheidungen des ATMAN-Bewusstseins

Das ATMAN-Bewusstsein ...

- ... übernimmt die volle Verantwortung für das Leben.
- ... hat den Sinn des Lebens erkannt.
- ... lebt bewusst, damit alle Schritte mit seiner Identifikation übereinstimmen.
- ... nimmt das Jetzt bedingungslos an.
- ... arbeitet nicht, sondern es wirkt. Es bewirkt etwas, indem es durch sich geschehen lässt.
- ... kennt keine Probleme oder Unstimmigkeiten.
- ... ärgert sich nicht.

- … nimmt sich selbst nicht wichtig.
- … lebt Alter-los, Karma-frei und Vergangenheit-los.
- … ist vom »Rad der Wiedergeburt« entbunden.
- … lebt als »erwachter GOTT«.

♥ <u>Kennzeichen des ATMAN-Bewusstseins</u>

Das ATMAN-Bewusstsein hat sich entschieden, sich selbst zu leben, es selbst zu sein. Es …
- … kennt keine persönlichen Reaktionen.
- … hat keine Wünsche.
- … lebt und erfährt die Dinge, wie sie sind.
- … macht keinen Unterschied zwischen den Dingen.
- … erkennt sich in allem als sich selbst.
- … kennt keine Ängste.
- … gibt sich dem Augenblick hin.
- … dient dem Leben.
- … definiert sich nicht über seinen Körper.
- … erkennt Gedanken nicht als die eigenen an.
- … ist bereit, jeden Tag nach Hause zu gehen.
- … sieht hinter die Dinge und erkennt in allem das Wesentliche.
- … ist immerwährendes Glück.
- … hat das Spiel des Lebens niemals berührt.

DAS SPIEL DES LEBENS DURCHSCHAUEN

»Es geht nicht darum, dem Leben mehr Tage zu geben,
sondern den Tagen mehr Leben.«
Cicely Saunders

Wir, als »schlafende Götter«, sind vom Universum dazu eingeladen, das Spiel des Lebens zu spielen. Dabei spielt jeder viele individuelle Spiele, und wir alle spielen ein gemeinsames, großes Spiel. Wir spielen das Spiel aus der Sichtweise, dass wir diese Spielfiguren sind. Diese Spielfiguren sind aber nur unsere Werkzeuge. Deshalb ist das Leben immer wieder schmerzvoll, weil wir die Realität nicht erkennen können. Das, was wir als Realität bezeichnen, ist eine Täuschung. Das ganze Spiel ist eine Illusion, und um dieses illusionäre Spiel zu durchschauen, gehen wir an den Start. Wem es ernst ist mit dem Erwachen, der sollte zunächst eine Entscheidung treffen.

Die erste Entscheidung in diesem Spiel ist, sich bewusst zu werden, als wer oder was ich dieses Spiel spiele. Spiele ich es aus der persönlichen Sichtweise heraus, um dieses »falsche« Ich glücklich zu machen, oder mache ich mich mit Hilfe dieses Spiels auf den Weg, nach meiner wahren Identität Ausschau zu halten, aus der heraus ich dann das Spiel erfahren will? Will ich etwas, oder möchte ich es einfach geschehen lassen? Bin ich bereit, mein Ego zurückzustellen und mich dem Abenteuer Leben hinzugeben, oder will ich mit dem Kopf durch die Wand? Wie soll das Leben harmonisch sein, wenn ich gar nicht weiß, wer ich bin? Ich sage zwar immer »ich mache dies« oder »ich mache das«, doch wer oder was ist dieses Ich? Was hat es mit mir zu tun? Bevor ich das Leben wirklich leben will, bedarf es der Bewusstwerdung meiner wahren Identität.

Der nächste Schritt in diesem Spiel ist, mir bewusst zu werden, ob ich mein persönliches Ich oder mich selbst glücklich machen will. Will ich ein Ziel erreichen oder einfach nur das Spiel genießen? Ist es überhaupt möglich, den Weg einfach nur zu genießen? Vielleicht will ich aber auch beides. Vielleicht möchte ich mein Ziel erreichen *und* den Weg genießen? **Also treffe ich wieder eine Entscheidung:** Welches Spiel spiele ich? Welche Spiele gibt es denn?

Es gibt drei Spielebenen!

Die erste Ebene: Ich kann das Spiel als Opfer, also als Spielfigur spielen. Ich glaube an Glück, Pech und Zufall, und damit werden Umstände und Mitmenschen mein Leben bestimmen.

Persönlicher Glaubenssatz: *Ich kann im Leben nicht alles erreichen und mir gelingt auch nicht alles.*

Die zweite Ebene: Ich kann das Spiel als bewusster Schöpfer aller Umstände, Situationen und Bedingungen spielen. Zuerst ist es noch Fantasie, doch dann manifestiert es sich im Außen. Somit trage ich die volle Verantwortung für das, was geschieht.

Persönlicher Glaubenssatz: *Alles, was »bisher« geschah, sind Tatsachen. Ich aber bin Herr über das, was »noch nicht« ist.*

Die dritte Ebene: Ich kann das Spiel als erwachter Gott, als reine Existenz, als vollkommenes Sein spielen, indem ich es geschehen lasse. Ich beobachte aus diesem ATMAN-Bewusstsein heraus alles das, was geschieht, und erfülle den Augenblick voll und ganz. Dann setze ich auch keine Ursachen mehr, denn ich *bin* die Ursache. Ich *bin* die Ursache für alles, was ich erlebe, und für alles, was ist. Das Außen spiegelt nur mein Sein wieder, denn alle Veränderungen beginnen im Bewusstsein. Durch mein Sosein passt sich das Außen an und spiegelt meine Vollkommenheit. Das Leben ist ein ewiges Spiel, alles verändert sich scheinbar ständig, nur ich selbst bin unwandelbar. ICH BIN. Da sind keine Wünsche und kein Ziel, sondern vollkommene Anwesenheit. Das Außen zeigt nur das Ergebnis eines scheinbaren Spiels, welches ich beobachte und geschehen lasse.

Unpersönlicher »Glaubenssatz«: *Alles ist gut. Alles ist, wie es ist. Alles ist ein vollkommener Ausdruck der Einen Göttlichkeit.*

Ich frage Sie nun: »Sind Sie bereit aufzuwachen?« Fragen Sie nicht nach dem Wie. Ich frage Sie: »Wann sind Sie bereit? Als wer sind Sie bereit? Was ist Ihre Realität?«

Es geht also um die letzte Entscheidung, die ich treffen muss, und die handelt von der Bereitschaft, den Weg der Erkenntnis zu gehen. Ich kann mich nur entscheiden, wenn ich bereit dazu bin. Zu tun gibt es nichts. Sagen Sie ja. Wenn Sie überlegen, wie viel Ihrer Vollkommenheit Sie jetzt in Besitz nehmen wollen und ob Sie sich trauen sollen, dann ist da noch etwas, was Sie zurückhält. Der Verstand wird Sie nicht einfach so ja sagen lassen, denn wenn Sie sich für das Bewusstsein entscheiden, richten Sie sich gegen Ihren bisherigen Diktator.

Überlegen Sie am besten nicht, was Sie tun sollen, sondern tun Sie es einfach. Ein ehrliches und freudvolles Ja weitet das Herz und öffnet das Tor, damit Sie eintreten können in das Eine ATMAN-Bewusstsein, das Sie sind.

Ich BIN vollkommenes, ewiges SEIN. Fühlen Sie den Satz. Sprechen Sie ihn ein paar Mal laut aus, und dann sagen Sie das, was sich ohnehin nicht vermeiden lässt. Das

Ja wartet auf Sie. Das Eine »Ja« ist Realität, das Ja oder Nein entspringt der Illusion. Entscheiden Sie sich für das »Wahre SEIN«, indem Sie im Leben anwesend sind und mit dem Herzen in Gott verweilen. Nur wer die Illusion durchschaut, der hat wirklich gelebt.

ILLUSION – »INKARNATION DER WIRKLICHKEIT«

> *»Das Vergnügen kann auf der Illusion beruhen,*
> *doch das Glück beruht allein auf der Wahrheit.«*
>
> Nicolas Chamfort

Alles, was schwingt, ist Energie. Alles, was wir wahrnehmen, ist Schwingung. Das zeigt uns auch die Weisheit der Sprache. Das Wort »Realität« enthält die Silben »RE« und »AL«. »RE« oder »RA« waren im alten Ägypten die Bezeichnungen für den Sonnengott, als Symbol für die Quelle der Energie, die Schwingung des Lichts. Das Wort »AL« weist auf das All, auf das Universum, auf das Ganze hin. Das Wort Realität bedeutet daher so viel wie »das Ganze« oder: Alles ist Energie einer unterschiedlichen Schwingung. *Das* ist Realität.

In der Bibel, im Buch Genesis, heißt es: »Im Anfang schuf Gott Himmel und Erde.« Es heißt dort nicht: »AM Anfang ...« Das Originalwort lautet »Berascht«. »BE« heißt »IM« und »RASCH« bedeutet Kopf. Tatsächlich lautet der Satz daher: »IM KOPF schuf Gott Himmel und Erde.« Daran erkennen wir, dass unsere Wahrnehmung komplett verrückt ist.

An anderer Stelle heißt es: »Am Anfang war das Wort.« Das Original sagt: »Am Anfang war der LOGOS.« Das bedeutet zwar auch Wort, aber an erster Stelle GEDANKE. Daher müsste es richtig heißen: »Am Anfang war der Gedanke.«

Die Wissenschaft hat gezeigt, dass der Mensch nicht das wahrnimmt, was wirklich »da« ist, sondern das, wovon er glaubt, dass es da ist. *Das, was wirklich »da« ist, ist unsichtbar, und alles, was wir »sehen«, ist nur eine Reflektion der einen unsichtbaren Realität.*

Wir sehen auch nicht mit den Augen, sondern mit dem Gehirn. Die Netzhaut übermittelt dem Gehirn Signale der empfangenen Lichtreize. Erst im Gehirn werden diese Reize zu Farben und Formen zusammengefügt. In Wirklichkeit gibt es also weder Licht noch Farbe, sondern lediglich Energie unterschiedlicher Schwingung.

Folglich können wir sagen, dass das, was wir als Realität bezeichnen, an sich nicht existiert. Sie entsteht erst durch unsere »Übersetzung«. Sobald wir uns mit der Wirklichkeit hinter dem Schein befassen, müssen wir uns darauf vorbereiten, in eine völlig unbekannte Welt einzutreten. In dieser scheinbar neuen, jedoch innerlich »altbekannten« Welt müssen wir erkennen, dass die Schöpfung in jedem Augenblick, nämlich im Kopf, neu beginnt. Jeder denkt sich seine Realität selbst aus. Man könnte auch sagen, *er bildet sich das ein.*

Diese Tatsache bezeugt die Einheit von Materie, Geist und Realität. Alles ist gleichzeitig und ständig vorhanden. Aber es ist eine Illusion zu glauben, dass die Illusion nur eine Illusion sei, die von den großen Weisen der Welt »MAYA« genannt wird. Schein und Täuschung bedeuten nicht, dass die Welt nicht wirklich existiert. Es bedeutet nur, dass sie nicht das ist, was sie zu sein scheint, und dass die Wirklichkeit hinter dem Schein steht. Es bedeutet, dass der Schein aus Wirklichkeit *besteht.*

Der Schein ist von Wirklichkeit durchdrungen, sonst könnte er ja nicht erscheinen. Erst unsere Sinne können diesen Schein erkennen, der durch unser Gehirn an die Oberfläche drängt. Doch der Schein hat einen Ursprung, und wenn dieser Ursprung Wirklichkeit ist, dann ist auch der Schein Teil dieser einen Kraft. In Wirklichkeit ist alles von Wirklichkeit *durchdrungen*, es erscheint nur anders, als es ist. In Wirklichkeit *gibt* es nur die eine Wirklichkeit, und alles, was ist, ist eine *Erscheinungsform* dieser Einen Wirklichkeit. Illusion und Wirklichkeit sind demnach *aus ein und demselben Stoff.*

Die Illusion ist die »Inkarnation der Wirklichkeit«. Die Illusion der Erscheinung gibt der »unveränderlichen Wirklichkeit« die Möglichkeit zu scheinbarer Veränderung. Wer die Illusion oberflächlich betrachtet, wird die Wirklichkeit nicht entdecken. Wer den Schein aber etwas tiefer durchleuchtet, wird der Realität begegnen. Das bedeutet, einzutauchen in die Welt des wirklichen Seins und sie mit dem Herzen zu sehen.

Aber auch aus der Illusion entstehen Illusionen. So entsteht aus der Illusion des Selbst die Illusion eines Ichs. Sobald wir in einer Illusion leben, die nicht mehr unmittelbar aus der Wirklichkeit stammt, entsteht das, was wir Leid nennen. Es entsteht, weil wir uns zu weit von unserer Wirklichkeit entfernt haben. Es fordert uns auf, wieder zum ursprünglichen Spiel zurückzukehren.

Leid will uns also nichts Böses. Es ist ein Hinweis, der uns wieder zurechtrücken will. Betrachten wir das scheinbare Leid etwas näher, dann können wir auch darin den Ursprung entdecken. Wir lehnen es ab, wollen es nicht und mögen es nicht, doch darin versteckt sich ein Schatz, der unser ureigenes Wahres Wesen ist.

In Wirklichkeit sind wir unmanifestierte, ewige Existenz, die als reines, eigenschaftsloses Sein in Erscheinung tritt und in allem ist. Dieses eigenschaftslose Sein schafft sich in jeder Inkarnation aus seiner bisherigen Erfahrung und den Prägungen der Umwelt eine Persönlichkeit und nimmt dabei als Identifikation die Eigenschaften an, die auf dem Weg der Erfahrung der eigenen Vollkommenheit hilfreich erscheinen. Also braucht es die Illusion, um die Realität zu entdecken, und nur, wer der Fährte folgt und nicht mehr vom Weg abweicht, wird die Spur als heilsames Ziel erfahren können.

DER REALITÄT
AUF DER SPUR

»Eines Tages wird man offiziell zugeben müssen,
dass das, was wir Wirklichkeit getauft haben,
eine noch größere Illusion ist als die Welt des Traumes.«
Salvador Dali

Immer mehr Menschen versuchen zur Realität vorzudringen, sie zu erforschen und mehr über sie zu erfahren. Der bekannte Biologe Roger Sperry und auch John Eccles, ebenfalls Neurophysiologe und wie er Nobelpreisträger, gehen beide davon aus, dass es so etwas wie ein »Universelles Bewusstsein« gibt, das sich in einem permanenten Bewusstseinsprozess befindet, einer ständigen Evolution, die von der unbewussten zur bewussten Vollkommenheit des Seins führt. Jeder Einzelne von uns trägt mit jedem Gedanken und mit jeder Erkenntnis zu diesem Bewusstwerdungsprozess bei.

Auch unser Verstand hat seine eigentliche Aufgabe noch nicht gefunden und ist ebenfalls in ständiger Evolution begriffen. Das zeigt die Tatsache, dass wir nur etwa 15 % der

Gehirnkapazität nutzen. Die restlichen 85 % warten noch auf ihre eigentliche Aufgabe. Über jeden Satellitencomputer gehen unablässig Informationen im Zentralspeicher ein, die dort zu einer Erweiterung der Gesamtinformation führen. Die Aufgabe, die nun unmittelbar vor uns liegt, besteht darin, Realität in einem permanenten Schöpfungsprozess ständig und bewusst neu zu gestalten. Maßstab der Zukunft ist nicht mehr die Realität, sondern das *Ideal*, denn Vollkommenheit und Realität werden ständig neu bestimmt.

Machen wir uns noch einmal den wichtigen Unterschied zwischen Wirklichkeit und Realität bewusst. *Realität ist das, was geschaffen wurde. Wirklichkeit ist das, was erschafft.* Das heißt, dass das zukünftige Ideal die Realität der Gegenwart bestimmt.

Wir müssen uns aus dem »Gefängnis der Gegebenheiten« befreien und »unsere« Realität als einen vorübergehenden Zustand der Schöpfung erkennen, der nur darauf wartet, immer besser der Vollkommenheit angepasst zu werden. *Die so genannten Tatsachen werden immer unwichtiger, weil sie nur eine Durchgangsstation zum Eigentlichen sind.* Immer wichtiger wird stattdessen die Macht des Glaubens, denn Realität wird »herbeigeglaubt«. Dabei ist es unwichtig, wie unwahrscheinlich die gewünschte Realität ist, denn alles ist möglich.

In einer Art »Durch-Blick« können wir uns aneignen, in der Realität der Gegenwart die Vollkommenheit der Zukunft zu sehen, so wie ein Bildhauer die noch nicht erschaffene Statue in einem Steinblock erkennt. Diesen Blick für das Wesentliche, das Erkennen der Wirklichkeit hinter dem Schein, sollte »trainiert« und zur ständigen Gewohnheit gemacht werden. Es ist der Blick des »Magic Eye«. Der Verstand überschreitet dabei seine eigenen Grenzen und lernt, dass das »Noch nicht« eine größere und wichtigere Tatsache ist als das »Bereits«. Das ist die mentale Heimat der Ratio der Zukunft, die bereits in der Gegenwart dringend gebraucht wird. Es entsteht ein allumfassendes Bewusstsein, das in einer ständigen Verbindung zum Universellen Bewusstsein steht.

Dabei löst sich auch der »Interpretierer« in uns auf, der unablässig das bestehende »Bereits« beurteilt, denn dieses Urteil wird nicht mehr gebraucht, wenn der Blick schon auf das »Noch nicht« gerichtet ist. Im gleichen Maße, wie wir in der Realität unseren Blick auf das »Noch nicht« als eigentliche Wirklichkeit richten, wird unsere eigene Persönlichkeit transparent. Das »Derzeit« wird als Übergangszustand zur Vollkommenheit erkannt, die jedoch nicht beschleunigt herbeizuführen ist. Ziel ist es, jeden Entwicklungsschritt bewusst zu genießen.

Vollkommenheit ist nur eine der jederzeit erreichbaren Möglichkeiten, was wir als Realität in Erscheinung treten lassen können. Sie ist der letzte Schritt, nachdem wir alle anderen Möglichkeiten ausgeschöpft haben, so weit sie uns interessieren. Unser Bewusstsein bekommt damit eine Kompetenz, die es bisher nicht hatte.

Dabei erkennen wir auch, dass Zeit *keine* Illusion ist, sondern die *Seele der Evolution*. Wissen hat auf diesem Weg nur einen begrenzten Wert, denn es befasst sich mit dem »Bereits« und weniger mit dem viel wichtigeren »Noch nicht«. Wissen ist auch im eigentlichen Sinne nicht wahr, denn es befasst sich mit etwas, das bereits vergeht, sobald es ist. Wir sind dabei, zum zweiten Mal vom »Baum der Erkenntnis« zu essen und uns als permanente Mitschöpfer des Universums zu erkennen.

Die Entlassung des »Interpretierers« ist deshalb so wichtig, weil er dafür sorgt, dass vom Verstand nur das verarbeitet wird, was weitgehend mit dem Bekannten übereinstimmt. Alles wirklich Neue wird einfach ausgeblendet und nicht wahrgenommen. Das führt zu einer generellen »funktionellen Neuorganisation des Denkens«. Es ist der Schritt vom linearen Denken über das holistische zum Universellen Denken hin. Und dieser Schritt ist unverzichtbar. *Die eigentliche Realität ist also nicht die Materie, sondern Energie, die durch unterschiedliche Schwingungen entsprechende Formen im Außen in Erscheinung treten lässt.* Der Ursprung der Realität aber ist der Geist, der die Realität »denkt«.

Unsere Gedanken sind Energien, die durch ihre Schwingung die Ereignisse im Außen erst erschaffen und jederzeit verändern können. *Gedanken sind demnach nicht etwas, das sich nur in unserem Kopf abspielt, sondern die Schöpfung entsteht in unserem Kopf.*

Da jeder Gedanke ein Energiepotenzial ist, hat auch jeder Gedanke die Tendenz, sich zu verwirklichen. Je größer das Energiepotenzial Ihrer Gedanken ist, desto machtvoller werden sie sich auch gegen äußeren Widerstand durchsetzen können. Was immer Sie denken oder jemals gedacht haben, nichts geht verloren und alles kommt zu Ihnen zurück. Sie erleben es dann als Ereignis, Situation oder Umstand. Das mag sich bei »positiven« und kreativen Gedanken durchaus verlockend anhören. Doch bei »negativen«, missmutigen und ablehnenden Gedanken sind das keine so guten Aussichten. Deshalb sollte man seine Gedanken immer wieder kontrollieren und Gedankenhygiene betreiben.

Das System ist durchaus gerecht. So gibt es auch keine Ungerechtigkeit, denn es kann nur das auf Sie zurückkommen, was Sie zuvor, bewusst oder meist unbewusst, ausgesendet haben. Sie sind der *Urheber* dessen, was Ihnen zufällt. Der Zu-Fall ist also immer nur eine Spiegelung Ihres Soseins. Es kann Ihnen nichts anderes begegnen als Sie selbst.

Realität ist durch den Geist jederzeit frei zu bestimmen. Es gibt unendlich viele Möglichkeiten, die als unterschiedlich viele »Filme« in Ihr Leben treten. Aber es gibt nur einen Video-Rekorder, der alles aufzeichnet und unwiderruflich wiedergibt. Sie müssen sich daher entscheiden, was Sie als Ihre Realität in Erscheinung treten lassen wollen.

Wir können also sagen, dass Wirklichkeit durch zielgerichtete Energie entsteht. Jeder Gedanke ist wirklichkeitsschaffende und zielgerichtete Energie. Schöpfung geschieht somit in jedem Augenblick. Jeder Mensch verfügt ebenso über begrenzte wie unbegrenzte Intelligenz, und es ist seine Entscheidung, von welcher er Gebrauch macht. Ob er seinen begrenzenden Intellekt oder seine potenziell unbegrenzte universelle Intelligenz nutzt – jeder hat die Wahl. Es versteht sich von selbst, dass wir mit dem begrenzten Denken nicht die Aufgaben des unbegrenzten Lebens lösen können. Es ist daher unverzichtbar, dass wir endlich zu uns selbst erwachen und uns als ATMAN-Bewusstsein erfahren.

Die reine Existenz ruht im ewigen SEIN. Irgendwann in dieser Ruhe begann der »Traum der Evolution«. In diesem Traum wird die Eine Existenz sich ihrer selbst bewusst. In diesem Traum entsteht auch die Illusion von *Zeit* – die Illusion der Vergangenheit und die Vorstellung einer Zukunft. In Wirklichkeit ist immer nur das *Jetzt* gültig, da es nichts anderes außer dem Jetzt *gibt*. In diesem ewigen Jetzt begegnet sich Zeit und Zeitlosigkeit, stimmen Zeit und Zeitlosigkeit vollkommen überein.

Evolution bedeutet, der Same geht den Weg des Baumes. Die Illusion der Zukunft und des Ziels bestimmen den Weg und lassen die Illusion eines Weges entstehen. Wenn wir also sagen, dass wir uns auf den Weg machen, geht es nicht um ein Ziel und den Weg, sondern darum, wie wir uns auf dem Weg fühlen. *Es geht einzig und allein darum, als was wir den Weg beschreiten. Wer macht sich auf den Weg? Wer erfährt ihn?* Der Weg selbst kann sein, wie er will, das tut nichts zur Sache. Ob dunkel oder hell oder als angenehm oder unangenehm empfunden, es geht nur darum, ob wir ihn als ATMAN-Bewusstsein oder als persönliches Ich bestreiten. Letzteres ist ein Irrgarten und bereitet uns nur Kummer und Schmerz.

Die Illusion der Zeit ist wie ein Rad. Und so wie immer nur ein Teil des Rades den Weg berührt, so kommt immer nur ein Teil des ewigen Jetzt mit dem in Berührung, was wir Realität nennen. Und doch ist alles ein einziges Jetzt. Diese Illusion eines Ablaufs findet nur im Außen statt, denn in der Mitte des Rades dreht sich alles um sich selbst und im absoluten Mittelpunkt bewegt sich nichts. So entsteht die Illusion, dass etwas entsteht und wieder vergeht. In Wirklichkeit wurde nie etwas erschaffen und nichts wird jemals vergehen. Alles ist lediglich ein Traum, der irgendwann endet. Niemand hat Glück, niemand leidet – alles ist ein Traum.

Erwachen wir also aus diesem Traum und erkennen wir, dass es nie einen Träumer, Schlafenden oder Traum gegeben hat. Um diesen Schritt zu vollziehen, bedarf es unserer Aufmerksamkeit, die wir ausschließlich auf unser Selbst richten sollten. Wer sein Bewusstsein schult, der wird auch belohnt werden.

WIE WIR UNSER BEWUSSTSEIN »TRAINIEREN«

> *»Nicht, was die Dinge wirklich sind, sondern was sie*
> *für uns in unserer Auffassung sind,*
> *macht uns glücklich oder unglücklich.«*
>
> Arthur Schopenhauer

Wir erwachen zu uns selbst, indem wir ...

- alles im Alltag als Trainingsmöglichkeit erkennen und dazu nutzen, uns an uns selbst zu »er-innern« und zu erheben.
- den Alltag als etwas Einzigartiges und Besonderes erleben und das Wertvolle im Unbedeutenden entdecken.
- am Leben teilnehmen und vollumfänglich anwesend sind.
- jeden Moment achtsam leben und das Tägliche als ständige Meditation erleben.
- in das Bewusstsein eintauchen und dort verweilen.
- Unruhe als Übungspartner nutzen, um zu überprüfen, wie vollkommen wir sind. *Reagieren wir noch? Fühlen wir uns persönlich angegriffen? Bewerten wir?*

- das Ego durchschauen, denn es ist nichts anderes als das Ego, das behauptet, etwas zu sein oder nicht zu sein. Das Ego sagt: »Ich kann das nicht« oder »Ich bin Licht«. Bewusstsein muss nicht etwas sagen oder denken, was es ohnehin ist.
- unseren persönlichen Anteil nicht mehr so wichtig nehmen.
- nicht ständig Recht haben wollen und glauben, alles besser zu wissen. Der Leitsatz heißt: »Ich weiß, dass ich nichts weiß«, wie Platon einst sagte.
- uns Zeit nehmen, um Innenschau zu halten, und das Außen nicht mehr überbewerten.
- nichts mehr besitzen wollen, sondern die Dinge genießen und sinnvoll nutzen, solange sie uns durch das Leben begleiten.
- damit aufhören zu glauben, dass irgendetwas Zeit braucht. Es braucht alles nur so viel Zeit, wie wir glauben. Alles ist in diesem Augenblick möglich.
- durchschauen, dass bereits alles verwirklicht ist. Wir brauchen es nur in Erscheinung zu rufen, und das ist immer nur jetzt möglich. Gut, dass immer Jetzt ist! Doch sind wir auch im Jetzt, oder gehen wir mit unseren Gedanken in der scheinbaren Vergangenheit oder Zukunft spazieren?
- verinnerlichen, dass es nichts außer Bewusstsein gibt.
- das ATMAN-Bewusstsein als Weg zur Erfüllung erkennen.

ATMAN-BEWUSSTSEIN ALS WEG ZUR ERFÜLLUNG

»Nenn dich nicht arm, weil deine Träume
nicht in Erfüllung gegangen sind.
Wirklich arm ist nur, wer nie geträumt hat.«

Marie von Ebner-Eschenbach

Bewusstsein ist kein bewusstes SEIN, das man zehn Minuten täglich, zwei Stunden oder sechs Stunden täglich praktiziert. Es ist auch nicht etwas, das man Sonntags tut oder dann, wenn man gerade dazu Lust hat. Bewusstes SEIN ist ein Zustand des Bewusstseins, eine innere Einstellung, eine Lebenshaltung. Es ist ein Weg zu leben, der STÄNDIG »praktiziert« wird, ohne dass dabei etwas Bestimmtes getan werden muss.

Dieser Weg ist nicht nur natürlich, er ist letztlich der einzige Weg. Auch im Zeitalter der Raumfahrt ist die Reise zu sich selbst das größte menschliche Abenteuer geblieben, denn der Mensch kann mit seinen Sinnesorganen bestenfalls 1 % der bekannten Energiefrequenzen wahrnehmen. Das Abenteuer beginnt, wenn wir damit beginnen, die restlichen 99 % zu entdecken. Das, was wir finden, mag faszinierend sein, doch die Suche danach ist der eigentliche Weg, der schon eine Belohnung für sich ist.

Wir leben im Zeitalter der Evolution des Bewusstseins. ALLE Bereiche des menschlichen Lebens verändern sich geradezu dramatisch, und damit stehen wir noch am Anfang. Das betrifft nicht nur Beruf, Schule, Partnerschaft, Gesundheit und das ganze restliche Leben. Vor allem betrifft es den bewussten Umgang mit sich selbst. Das ist keineswegs egoistisch, denn mit dem Umgang mit »sich SELBST« ist eigentlich der Umgang mit »dem SELBST« gemeint, und das hat mit dem persönlichen »Ich« *nichts* zu tun.

In naher Zukunft wird Gesundheit selbstverständlich sein, und auch wirtschaftliche Sorgen werden der Vergangenheit angehören. Aber es werden neue Herausforderungen auf uns zu kommen. So ist uns noch gar nicht bewusst, dass wir mit der Atomspaltung ein auf die Freiheit nicht vorbereitetes Bewusstsein freigesetzt haben, das uns noch allen zu schaffen machen wird. Das gehört zu den Schattenseiten des Menschseins, aber es ist kein Grund, deshalb den Kopf hängen zu lassen. Wer sich mit seinem Schatten identifiziert, bleibt am Boden haften und hat es schwer, sich wieder davon zu lösen.

Transformation ist nur schmerzhaft, wenn ich Widerstand leiste. Das Geheimnis heißt HINGABE an das Wunder des Augenblicks. Wir können dem Universum vertrauen.

Das Ego macht uns nur solange Schwierigkeiten, bis wir es als Teil von uns selbst, als Freund und Lehrer anerkennen. Folgen wir dem »Ruf des Schmetterlings« und nicht dem der Raupe, denn die Vergangenheit ist vorbei und kommt nie mehr wieder. »Er-innern« wir uns also wieder an unser *Wahres SEIN*, unser Bewusst-SEIN, das wir sind, und erleben wir es im Alltag. Jeder Moment ist Erfüllung, man muss es nur entdecken können.

WIE SICH DAS ATMAN-BEWUSSTSEIN IM ALLTAG ERLEBT

»Eine Krise kann jeder Idiot haben. Was uns zu
schaffen macht, ist der Alltag.«
Anton Pawlowitsch Tschechow

Wer im und aus dem ATMAN-Bewusstsein heraus lebt, der ist ein wahrer Meister. Der wahre Meister zeigt sich im Alltag, denn jeder Augenblick sollte erfüllt sein.

Wie auch immer der Moment aussehen mag, nur wer ihn vollkommen lebt und ganz und gar hier ist, ist Meister seines Bewusstseins. Als bewusster und erwachter Mensch zu leben heißt, als Bewusstsein zu atmen, zu sprechen, zu essen. Jede Bewegung ist harmonisch und fügt sich in das All-Bewusstsein ein. Da ist nichts, was sich gegen etwas stellt, sondern das Bewusstsein fügt sich in das ein, was es bereits ist. Jeder Ablauf ist perfekt, denn die Person stört sich nicht mehr daran. Der Erwachte lebt eine erfüllte Beziehung zu seinem Partner, seinen Kindern,

Eltern und Freunden und verfügt über einen meisterlichen Umgang mit Geld und Besitz. Er ist bescheiden, stellt keine Ansprüche, ist zuvorkommend und lässt jedem den Vortritt, er ist einfach nur da.

Das einfache Dasein strahlt eine enorme Lichtkraft aus, und sein Umfeld fühlt sich von ihm angezogen. Das Besondere an diesem Menschen ist, dass an ihm nichts Besonderes ist. Er erfüllt seine Aufgaben, und sein einziges Ziel ist das Wohl der Allgemeinheit. Wünsche sind ihm fremd, da er ja bereits alles *ist*. Er braucht sich nichts zu wünschen, denn er verkörpert alles, und es gibt nichts, was er nicht bereits in sich trägt. Er ist ständig dieses Eine Sein, und sein Tun ist mit der Schöpfung in »EIN-Klang«. Er kümmert sich nicht um die Gedanken, die kommen, denn er lässt sie ziehen. Er hält sie nicht fest und macht sie nicht zu seinen, er kümmert sich nicht darum. Trotzdem funktioniert er perfekt, denn er lässt sich vom göttlichen Plan denken.

Wer aus diesem ATMAN-Bewusstsein heraus lebt, ist wahrlich ein glücklicher Mensch. Es gibt nichts mehr zu wollen und nichts mehr zu werden, denn er ist ein einziges Sein. Das Werken wird von Wirken abgelöst, und alles ist Eins.

Jeder Weg ist an Raum und Zeit und damit an Persönlichkeit gebunden. Scheinbar entsteht ein Weg durch das Fließen des Seins und die scheinbar ständige Veränderung des ewig Unveränderlichen, das jede beliebige Form annehmen kann. Dieser scheinbare Weg ist aber nicht linear, sondern geht vom Mittelpunkt unseres Seins immer weiter in alle Richtungen, bis er allumfassend geworden ist. Und das alles geschieht NUR im Jetzt.

So trete ich durch die »Tür des Augenblicks« in die »Ewigkeit des Jetzt« und habe damit das »Tor zum Himmel« geöffnet. Aus der Ewigkeit des Jetzt schaue ich in Raum und Zeit, bleibe aber in der Wirklichkeit der Ewigkeit. Ich nehme teil am Außen, ohne ein Teil davon zu sein.

Ein Mensch, der im ATMAN-Bewusstsein verweilt, weiß, dass das Geheimnis des Glücks nur in diesem Augenblick zu finden ist und dass es unabhängig von irgendwelchen Umständen, Dingen oder Ereignissen ist. Das ATMAN-Bewusstsein ist vom Rad der Wiedergeburt entbunden. Der irdische Körper, durch den der Mensch wirkt, geht als ICH BIN durch die Illusion der Zeit. Er lebt als individualisierter Gott, und er liebt den scheinbaren Weg dorthin genauso, wie er es liebt, bereits »dort« zu sein. Er weiß, der geistige Weg ist eine Illusion, eine mentale Spielerei.

Gestatten auch Sie dem Leben, dass es ist, wie es ist, und lassen Sie es einfach geschehen. Dabei gibt es nichts zu tun. Es geht darum, sich nicht dagegen zu stellen und gewolltes Handeln durch ungewolltes, automatisches Handeln zu ersetzen. Eine Handlung wäre ein ganz natürlicher Prozess, den man aber durch seine passiven Haltungen zerstört. Wer in der Faszination des Alltäglichen lebt, wird das Leben als individuellen Einweihungsweg erleben. Dessen Ziel ist die *Ver-ein-ich-ung* mit dem Nichts als Nichts.

Das ATMAN-Bewusstsein ist nicht passiv, obwohl man es durchaus so bezeichnen könnte. Es lässt Dinge geschehen, ist hier und trotzdem nicht auf der Erde zuhause. All dies sind keine Widersprüche, sondern es zeugt von der Multidimensionalität des Bewusstseins, das mit dem Verstand nicht erfasst werden kann.

Wer Gott erreichen will, muss ihn loslassen. Sobald wir bei uns selbst angekommen sind und uns als ATMAN-Bewusstsein erleben, sind wir am Ziel. Damit hat sich unser Sein erfüllt.

Erfüllung ist das Ende von Wiedergeburt. Auf dem Erfahrungsweg dorthin gilt es alles loszulassen. Auch der Wunsch nach Freiheit, Erleuchtung oder Vollkommenheit kann abgelegt werden, denn das ATMAN-Bewusstsein ist ungebunden und frei. Es bedeutet schlussendlich, das Loslassen loszulassen und den loszulassen, der loslässt. Erst wenn niemand mehr »da« ist, beginnt die wahre Freiheit. Die Persönlichkeit weicht, und was bleibt ist das ATMAN-Bewusstsein pur.

Wenn wir zum Ursprung der Zeit gehen, dann sind wir im NICHTS und damit zu Hause. Es gibt kein Etwas und keinen Jemand mehr. Bis dahin liegt die Illusion der Zukunft wie ein leeres Blatt vor uns und wartet nur darauf, mit dem Verstand, dem Ich, unserer Persönlichkeit oder mit uns selbst, unserem »Wahren SEIN«, erfüllt zu werden. Hören wir damit auf, »Eintragungen« zu machen, dann werden wir ins Nichts heimgehen. Das Nichts ist die *einzige* Wirklichkeit.

Machen wir uns also bewusst, dass ganz allein wir entscheiden, wann wir zur Einsicht kommen und die Suche beenden. Es gibt weder Gut noch Böse, noch gibt es Schuld, Verdienst, Erleuchtung oder die Suche danach, denn alles ist immer gleichzeitig hier. Alles ist vorhanden und alles ist Teil der Dualität, was die höchste Wahrheit ist.

Also hören wir am besten auf, etwas werden oder erreichen zu wollen, sondern fangen wir endlich damit an, WIR SELBST zu sein. Wir haben bereits alles erreicht, was man erreichen kann – wir können gar nicht anders, als wir selbst zu sein. Wir sind am Ziel, denn wir sind das Ziel. In dieser Erkenntnis können wir in »EIN-Klang« mit uns selbst die Welt und ihre Ereignisse geschehen lassen und als erwachter Gott segensreich leben. Es ist ein Leben als ATMAN-Bewusstsein, und damit werde ich selbst zum Weg. Dann leben wir im ATMAN-Bewusstsein, als und durch dieses, und erfüllen unser Sein.

So leben wir unserem Umfeld vor, wie man in ständiger innerer Freude sein kann, indem wir in die geistige Haltung der heiteren Gelassenheit eingekehrt sind. Alle scheinbaren

Schwierigkeiten unterscheiden sich nicht von der Freude und können wirklich genossen werden. Wenn wir uns schlussendlich alle bewusst sind, dass Ankommen nichts weiter bedeutet, als zu erkennen, dass wir nie weg gewesen sind, leben wir als das, was wir sind. Wir leben nicht mehr aus der Vorstellung, sondern aus der Vorsehung.

In jedem Augenblick liegt das Besondere, wenn es entdeckt werden kann. Eine optimale Grundhaltung wird uns dabei behilflich sein.

DIE OPTIMALE GRUNDHALTUNG IM LEBEN

>*»Leben ist das, was uns zustößt, während wir uns*
>*etwas ganz anderes vorgenommen haben.«*
>Henry Miller

ATMAN-Bewusstsein kann nicht studiert werden. Man kann es auch nicht wollen. Das, was wir bereits sind, können wir nicht werden. Doch es gibt ein paar Grundsätze, die uns den Weg »dahin« erleichtern. Es sind ein paar Punkte, die es vereinfachen, ins Bewusstsein »zu fallen«, und die uns transparenter und offener machen.

Es ist nicht das Bewusstsein, das geschult wird, sondern die Zugänglichkeit. Eine innere Bereitschaft fällt nicht vom Himmel. Wer vom Verstand dazu bereit ist, muss noch lange nicht auch vom Herzen her ja gesagt haben.

Es geht also um die Vorbereitung, um Einstellungen und eine Lebenshaltung, die uns nach und nach für das ATMAN-Bewusstsein öffnen wird. Das Leben vollziehen, heißt es zu gestalten und zu lenken. Nur wer es ganz bewusst führt, wird sich nach und nach öffnen und den Raum betreten, der zeitlos und ewig ist.

Das Leben vollziehend erleben bedeutet:

- In einer ständigen inneren Freude leben.
- Das Ärgern verlernen und nicht mehr in Stress geraten.
- Schwierigkeiten in heiterer Gelassenheit genießen.
- Jeden Moment zu erfüllen.
- Wirklich hier sein.
- Heitere Gelassenheit in jedem Augenblick zu erfahren.
- Das Ganze als Spiel zu erkennen und zu wissen, dass es nicht ums Gewinnen geht.
- Das Spiel des Lebens zu genießen.
- Im scheinbar Unangenehmen das Vollkommene zu entdecken.
- Wahres »positives« Denken praktizieren.
- Gedanken ziehen lassen.
- Zu erkennen, dass ich keine schlechten oder guten Eigenschaften habe.
- Mein Wahres Wesen als eigenschaftsloses Sein zu erkennen.
- Nie mehr »arbeiten«, sondern »bezahlten Urlaub« leben, indem ich mich verwirkliche und meine Berufung lebe.
- Ich vollziehe den Schritt vom Opfer zum bewussten Schöpfer aller Umstände.

- Ich übernehme die volle Verantwortung für alles.
- In jedem Augenblick Achtung vor sich selbst haben.
- Sich in sich selbst wohl fühlen.
- Ich wähle immer den scheinbar schwierigsten Weg, um mich daran zu stärken.
- Die Eigenschaften und Umstände wählen, die am besten sind – so verwirkliche ich meine Lebensabsicht.
- Sich für die Botschaften des Lebens öffnen.
- Meine Bewegungen, Handlungen und Taten sind harmonisch und leicht.
- Meine Worte bewusst auszuwählen.
- Das Leben meistert man spielend oder überhaupt nicht.
- Jede mögliche Disharmonie durch Gelassenheit auflösen.
- Alle Menschen und Lebewesen in ihrem Sosein lieben und achten.
- Dem Leben zu dienen.
- Sympathisch und liebenswert sein.
- Jede Erfahrung ist wertvoll.
- Alles Unwesentliche weglassen, dann habe ich unendlich viel Zeit; eigentlich ist fast alles, was wir tun, unwesentlich.
- Wahrnehmen statt Nachdenken.
- Wahre Selbst-Identifikation.
- Ich bin nicht dies oder das, so oder so – ICH BIN. ICH BIN ewig, vollkommen, reine Existenz.
- In der Vollkommenheit gibt es kein Leben, nur ewiges Sein.

- Erkennen, dass es keine aussichtslosen Situationen gibt. Es geht immer weiter. Dieser Glaube erschafft dann den Weg.
- Jedem geschieht nach seinem Glauben.
- Nicht an einen Glauben glauben, sondern an sich selbst.
- Voraussetzen, dass jeder Augenblick etwas ganz Besonderes in sich trägt.
- Nur wer Erwartungen stellt, kann enttäuscht werden.
- Ich bin bewusst in die Vollkommenheit der Unvollkommenheit eingetreten, um darin die Vollkommenheit zu entdecken.
- Die »Erwartung des Besonderen«.
- Nicht nur existieren und funktionieren, sondern wirklich leben.
- Das Charisma der bewussten Göttlichkeit entwickeln.
- Sich immer wieder nach dem Höchsten ausrichten.
- Die Fähigkeit entwickeln, aus einem ganz normalen Alltag etwas ganz Besonderes zu machen.
- Die Wirklichkeit hinter dem Schein erkennen.
- Zur rechten Zeit am rechten Ort das Richtige tun und bewirken. »Sich treiben lassen!«
- Raum schaffen, um allein zu sein.
- Seine individuelle, unverwechselbare »energetische Signatur« entwickeln. Die energetische Signatur ist meine unverwechselbare Ausstrahlung.
- Loslassen, was nicht glücklich macht.
- Ständig in der eigenen Mitte ruhen.

- Immer wieder nach innen gehen.
- Raum schaffen für das Wesentliche.
- Sich in seiner Mitte bewusst sein und aus der eigenen Mitte heraus wachsen.
- Verliebt sein in sich SELBST.
- Sein Potenzial entdecken.
- Den Augenblick, das Leben, sich selbst und das, was sich zuträgt, so sein lassen, wie es ist, und es nicht als Mensch, sondern als *das bewusste Wesen selbst* beobachten.

DER BEOBACHTER SEIN

»Alle Augen schauen, wenige beobachten,
sehr wenige erkennen.«
Albert Sánchez Piñol

Das Bewusstsein ist der Künstler, und Ihr Leben ist das Kunstwerk. Sie sind immer nur Beobachter und Teilnehmer dieses Spiels, doch niemals können Sie das Spiel selbst oder ein Teil der materiellen Struktur des Spiels sein. Verstehen hilft hier nicht weiter, und einfach nur zu wissen, reicht auch nicht aus.

Sie sind der Schöpfer Ihrer Lebensumstände, aber nur das ATMAN-Bewusstsein besitzt die Fähigkeiten, uneingeschränkt zu erschaffen. Diese Wahrheit zu leben und sie umzusetzen führt in die befreiende Sicht, die ein befreites Leben nach sich zieht. Deshalb hören Sie am Besten JETZT damit auf, etwas erreichen, wissen oder verändern zu wollen. Beenden Sie die Suche JETZT, und alles wird sich weisen.

Der Schritt in dieses neue Leben ist gar nicht schwierig. Es ist eigentlich ganz einfach, diesen Schritt zu tun. Doch bevor man ihn tut, muss man ihn kennen und natürlich auch wagen. Er beginnt damit, dass Sie sich bei allem, was Sie tun, beobachten. Das bedeutet, ständig im AUGENBLICK zu sein und Handlungen bewusst zu vollziehen. Es bedeutet, jeden Augenblick HIER zu sein. Also ist ein ständiges bewusstes Tun im Nichttun erforderlich, um die Position des Beobachters einzunehmen und auch halten zu können.

Jede Handlung wird stets neu entscheiden, ob sich daraus eine Gewohnheit oder Programme entwickeln können. Sind Sie darin geübt, Ihre Handlungen »von außen« wahrzunehmen, folgt der nächste Schritt. Nun können Sie nicht nur die eigenen Handlungen, sondern auch die Gedanken und Gefühle beobachten. Das bedeutet buchstäblich, sich beim Leben »zuzuschauen«. Dieses Zuschauen muss man sich jetzt nicht so vorstellen, als sähen Sie sich einen Film an. Sie müssen diesen Vorgang nicht wirklich *sehen*. Vielmehr empfinden sie ihn so stark, dass Sie ihn *wahrnehmen*.

Es kann nicht mit dem Sehen der Augen verglichen werden. Vielleicht wird das deshalb so oft missverstanden, weil die Menschen darauf warten, sich wie in einem Film beim Leben zuzuschauen. Ich habe zwar gesagt, dass Sie sich beim Leben *zusehen*. Da Sie aber Bewusstsein sind und das bekanntlich keine Augen hat, ist es ein *inneres* Sehen, welches mit einem starken Gefühl oder einer Gewissheit verglichen werden kann.

Wer mit dem Herzen sieht statt mit den Augen, der ist wahrlich ein Meister des ATMAN-Bewusstseins. Mit dem Beobachten erschaffen Sie sich ein »Meisterbewusstsein«, das seinem eigenen Maßstab frei folgt, den es wiederum frei wählt. Unser erwachter Geist hat sich damit aus allen Programmen gelöst, und wir sind unser eigener »Erlöser« geworden. Von da an folgen wir dem eigenen »Programm«.

Um zu uns SELBST zu erwachen, müssen wir uns nicht verstellen, nichts erreichen und auch nirgendwohin gehen. Es ist immer nur im HIER und JETZT möglich, indem wir einfach damit anfangen, ES zu sein. Unser wahrer Meister ist unser ATMAN-Bewusstsein als das eine SELBST. Die »Tür zum SELBST« geht allerdings nach innen auf und ist jenseits der Dinge, die wir sehen. Entdecken wir also die »Vollkommenheit des SEINS«.

Das Ziel des Lebens ist im Prinzip kein Prinzip, sondern ein natürlicher Vorgang, der sich ergeben wird, wenn wir die nötige Reife erlangt haben und uns als das eine SELBST erkennen.

In jedem Augenblick kann diese Entdeckung geschehen. Dies zu »erreichen« ist weder leicht noch schwer, weil es in Wahrheit nichts zu erreichen gibt.

Das, was Sie erreichen wollen, sind Sie bereits, und das erkennen Sie dann, wenn Sie die Welt der Täuschun-

**gen durchlebt und die Entdeckung des Ursprungs ver-
innerlicht haben.**

Leben als Bewusstsein ist das einzig Wesentliche im Leben, denn alles andere vergeht, wie es auch der Körper tut. Zu leben als ATMAN-Bewusstsein bedeutet, im Gewahrsein des SEINS zu verweilen, denn es ist das Einzige, was IST.

Es ist ein lebenslanger Prozess, sich des wahren Ursprungs bewusst zu werden. Sobald ich mich von mir entferne, entstehen Situationen im Leben, die als Wegweiser und Richtungsweiser dienen, um mich daran zu erinnern, dass ich mich wieder sammeln soll.

Ich soll mich daran erinnern, was ich bin und mich nicht ständig in dem verlieren, was ich gar nicht sein kann und niemals gewesen bin. Es ist wunderbar, Mensch zu sein, und es ist ein Geschenk. Doch wenn ich erkenne, dass ich das gar nicht bin, dann wandelt sich das Leben und aus Leid wird Freude. Und wer wünscht sich das nicht?

Das Leben entspricht unserem Bewusstsein und kann ihm nur als eine vollkommene Darstellung folgen. Dann erleben wir, was wahre Freiheit bedeutet und wie wir von der Schöpfung »gemeint« sind.

Es ist das bewusste Eintreten in die »Urenergie der Schöpfung«.

Unser »Passwort« für das Eintreten, oder besser gesagt, für das Zurückfinden in diesen »Urzustand« des Seins ist die Liebe.

Es ist die Liebe, die aus sich selbst heraus wirkt, ohne dabei erzeugt zu werden. Wahre Liebe ist kein Gefühl, sie ist das, was wir sind.

Urvertrauen und Liebe

»Wenn Gott eine Türe zumacht,
macht er die andere auf.«
Unbekannt

Es ist eine tiefe Zuversicht, die aus dem Urvertrauen kommt und die Gewissheit schafft, dass alles gut ist, wie es ist. Dieses Vertrauen verursacht gleichzeitig die entsprechenden Ereignisse, so dass wirklich alles gut ist. Urvertrauen ist ein großartiges Geschenk, das uns durch unser ganzes Leben begleitet. Es ebnet uns den Weg und formt unser Leben.

Vertrauen entsteht in der Persönlichkeit, wenn wir in den ersten Monaten unseres Lebens positive Erfahrungen machen, Ermunterung oder Bestätigung erfahren. Urvertrauen sitzt tiefer und ist nicht mit dem menschlichen Vertrauen gleichzusetzen. Wer dem Lauf des Lebens vertraut, der taucht in die LIEBE ein, die unser Wahrer Lebenskern ist. Die innere Überzeugung, dass es die Welt gut mit mir meint und mir das Leben mehr von allem geben will, schafft die

Basis für ein erfülltes Leben. Wer den Satz »Ich bin geschaffen nach dem Ebenbild Gottes« in sich fühlt, der weiß, was Urvertrauen bedeutet.

ALLES will uns immer dienen und helfen. Leben heißt aber auch »wählen«, und unser Leben zeigt uns durch unsere äußeren Umstände und Situationen stets nur das, was wir gewählt haben. Realität ist eine Tatsache, aber JEDERZEIT bereit, JEDE gewünschte Form anzunehmen. Wir können in einer ganz schwierigen oder gar aussichtslosen Situation sein, das ist ohne jede Bedeutung. Es ist doch nie mehr als eine interessante Aufgabe, denn ich kann jederzeit alles nach meinem Belieben gestalten, umformen und neu erschaffen. Indem ich eine andere Ursache setze, wird sich auch eine andere Wirkung zeigen.

Dieses Leben sollte uns FREUDE bereiten, und das wird uns gelingen, wenn wir die Opferrolle hinter uns lassen und die Hauptrolle übernehmen. Das bedeutet auch, Verantwortung zu übernehmen. Das tue ich gerne und es fällt mir leicht, wenn ich im Urvertrauen bin. Zu wissen, dass alles gut ist, und die Gewissheit zu haben, dass alles immer nur zu meinem Besten sein kann, selbst wenn ich es einmal nicht so empfinde, ist der direkte Weg zum ATMAN-Bewusstsein. Wie wahr, alles ist immer nur eine »Chance zum Besseren«, also sollte ich damit beginnen, dem Leben »Anweisungen« zu geben.

Wenn wir »zu Bewusstsein« gekommen sind, ist Urvertrauen ein natürlicher Teil unseres Selbst. Durch äußere

Ereignisse kann es nicht erworben werden, denn es schlummert in uns allen. Daher ist es das einzige Ziel in unserem Leben, sich so schnell wie möglich wieder als ATMAN-Bewusstsein zu erkennen und unseren Lebensplan der Verwirklichung zu erfüllen. Urvertrauen macht aus jedem Vorhaben einen Erfolg, besonders wenn wir die Geduld aufbringen, beharrlich zu bleiben. Beharrlichkeit ist eine der Bewusstseinshaltungen, die uns in die LIEBE führt. Liebe ist ein Weg, auf den sich Menschen miteinander machen, um letztlich bei sich SELBST anzukommen.

Die allumfassende Liebe ist nicht die, die wir darunter verstehen, wenn wir einen Menschen mögen. Sie ist ein ganz wunderbares Gefühl und eine Form der Liebe, die sehr intensiv und schön sein kann, aber vollkommen anders ist. Die kosmische Liebe IST, ohne dabei irgendwie zu sein. Sie IST einfach. Sie stellt keine Bedingungen, erwartet nichts, kennt keine Machtspielchen, und sie will nicht erreichen. Sie ist mit sich selbst zufrieden.

Die Liebe zu einem Menschen ist wichtig, da wir uns mit ihm weiterentwickeln und mehr und mehr wir selbst sein können. Wir brauchen jemand, der uns »spiegelt«, und nur gemeinsam ist es uns möglich, bei uns anzukommen. Jede Begegnung und Konfrontation ist deshalb wertvoll und segensreich, auch wenn wir es nicht so empfinden mögen.

Urvertrauen und Liebe sind unweigerlich miteinander vernetzt. Wer nicht vertraut, wird die Liebe nicht finden, und der, der Liebe ist, lebt und verinnerlicht hat, der wird auch von Urvertrauen erfüllt sein. Das ATMAN-Bewusstsein ist Liebe. Urvertrauen ist der Wegweiser dorthin, und Geduld, Gelassenheit, Dankbarkeit und Freude sind alles Eigenschaften, die uns auf der Reise zu uns SELBST begleiten. Sie lehren uns das, was wir sind, was wir aber noch nicht in uns entdecken können.

Die Reise kann unbeschwert sein, wenn wir auf die Liebe als einzige Macht im Universum vertrauen. Wer sich auf das Leben, auf die Liebe und auf alles freut, was ihm noch begegnen mag, ohne dabei Unterschiede zu machen oder Unterscheidungen zu treffen, der wird schon bald zum ATMAN-Bewusstsein erwachen.

IN FREUDE LEBEN

> *»Die Freude steckt nicht in den Dingen,*
> *sondern im Innersten unserer Seele.«*
> Therese von Lisieux

Wahre Freude ist kein Gefühl. Sie ist das, was wir wirklich sind. Jeder Mensch trägt diese ständige und stille, innere Freude in sich, die kein freudvolles Empfinden über beispielsweise etwas Gelungenes ist. Die innere Freude ist etwas Beständiges, das immer da ist und auch ständig wahrgenommen werden kann.

Jede freudvolle Regung, die nur kurz aufflammt, kann also nicht die wahre Freude sein. Wer die wahre Freude erst in sich entdeckt hat, wird sie als ständigen Begleiter an seiner Seite haben. Sie geht nicht weg, wenn man Schmerzen hat, und sie lässt sich nicht einschüchtern, wenn einmal etwas schief gelaufen ist. Sie lässt sich von nichts und niemandem vertreiben. Ihr Platz ist an unserer Seite, und da bleibt sie auch.

Wir sitzen zwar auf unserem Sessel, doch wirklich anwesend sind wir nicht. Fast immer sind wir dort, wo die wahre Freude nicht ist, und viele haben Sie noch nicht für sich entdeckt. Durch verschiedene Überlagerungen können wir sie nicht wahrnehmen. Allzu abgelenkt gestaltet sich unser Alltag, in dem für uns oft mehr die Freuden zählen, die uns kurzfristig aufjubeln lassen. Es ist ganz in Ordnung, sich über etwas zu freuen, aber doch etwas anderes. Wer sich freut, empfindet ein Hoch, und wer sich in einem Hoch befindet, der weiß, dass dem ein Tief folgen muss. Die Dualität, in der wir leben, ist voller Gegensätze, und auf ein Oben folgt ein Unten, ob wir es wollen oder nicht. Die wahre Freude aber ist nie oben oder unten, sie befindet sich in der Mitte, und die ist, so könnte man sagen, jenseits dieser Welt.

Das ATMAN-Bewusstsein IST Freude, und wenn wir der Wahren Freude in die Arme laufen wollen, dann bedarf es eines Identitätswechsels. Kein persönliches Ich der Welt besitzt die Fähigkeit, Freude zu sein. Dies ist eine »natürliche Eigenschaft« des SELBST und bleibt allein ihm vorbehalten. Wer an Karneval in ein Verbrecher-Kostüm steigt und verhaftet wird, ist selber schuld. Spätestens, wenn die Polizisten auftauchen, weiß man wieder, dass man nur das Kostüm eines Verbrechers trägt, aber dieser nicht ist. Und genauso ist es mit dem Leben. Wir glauben, etwas zu sein, was wir nicht sind. Das Bewusstsein hat sich als Mensch verkleidet, und wir glauben, diese Verkleidung zu sein.

Stille, innere Freude gibt dem Leben Tiefe und einen Sinn. Die Freude ist der Sinn selbst. Der erste Schritt zur wahren Freude besteht darin, eine solche Freude auch wirklich zu fühlen. Bevor wir uns als Freude erkennen können, müssen wir sie fühlen. Viele Menschen haben es sich angewöhnt, ihre Freude nur noch zu denken. Aber erst das gefühlsmäßige Erleben der Freude kann uns auf wahre Freude vorbereiten.

Richten Sie einmal Ihr ganzes Bewusstsein darauf, was Sie in diesem Augenblick fühlen. Vielleicht können Sie die ständige Veränderung Ihrer Gefühle sorgfältig und achtsam wahrnehmen. Dabei werden Sie feststellen, dass diese Gefühle nicht unbedingt einen Anlass haben. Wir haben uns jedoch angewöhnt, uns nur zu freuen, wenn etwas Außergewöhnliches geschieht – wenn das Wetter besonders schön ist, so dass wir spazieren gehen können, oder weil sich ein Treffen ergibt, das wir uns so sehr erhofft haben.

Warum braucht Freude einen Anlass? Wir haben einfach verlernt, uns ohne jeglichen Anlass zu freuen. Dabei hätten wir Grund genug, in ständiger Freude zu sein, denn allein unser HIER-SEIN ist ein Geschenk. Darin können wir beispielsweise von den Japanern etwas lernen, die in einer einfachen Teezeremonie Freude zum Ausdruck bringen.

Mit der Hingabe an den Moment und der Sorgfalt des Handelns bekommt das Leben Tiefe. Indem wir uns einmal ganz auf das einlassen, was wir gerade tun, bekommt dieses Tun eben diese Tiefe. Ganz egal, was es ist, es erzeugt eine stille innere Freude, wenn wir uns dem hingeben. Nicht nur eine Handlung, die wir begehen oder erleben, ist Anlass für eine ständige, tiefe Freude, sondern allein schon: zu sein. Der Sinn ist, Leben in seiner ganzen Tiefe zu erfahren, ganz gleich, was gerade geschieht.

Außerdem habe ich als Schöpfer ja ohnehin jederzeit die Möglichkeit einzugreifen und die Dinge nach meinen Wünschen zu gestalten. Aber ich kann das Leben auch einfach nehmen, wie es kommt und voller Freude genießen. Dann werde ich überrascht feststellen, dass eine Änderung meiner Grundhaltung mein gesamtes Leben verändert. Durch das Gesetz der Resonanz wird diese veränderte Grundhaltung noch ganz andere Dinge in meinem Leben bewirken. Durch diese Veränderung werde ich noch mehr Freude in mein Leben ziehen und nach und nach tägliche Freude erfahren.

Was meine Freude behindert oder verhindert, ist meist ein unbewusster Glaubenssatz, etwa dass Freude einen Anlass braucht. Wie viel schöner könnte unsere Lebensqualität sein, wenn es uns gelänge, ständig in dieser stillen, inneren Freude zu sein.

Wenn ich aus einem Bedürfnis heraus jemandem eine Freude machen möchte, indem ich ihm beispielsweise ein Geschenk bereite, dann ist das eine nette Geste. Und wenn es wirklich von Herzen kommt, werde ich ein Stück meiner erfüllten Freude weitergeben können, die wesentlich wertvoller ist als das Geschenk selbst. Auch wenn es der andere nicht sehen kann, innere Freude steckt an und ermuntert dazu, offener zu werden.

Viele Menschen freuen sich mehr darüber, etwas zu geben als zu bekommen. Das zeugt von einem Wandel im Bewusstsein und von der Bereitschaft der Menschen, von der Trennung in die Einheit zu gehen. Es gibt Menschen, die schenken aus materieller Sicht heraus wertvolle Dinge. Dann gibt es welche, die verschenken Wörter, wie etwa ein Kompliment oder eine Anerkennung. Es gibt aber auch welche, die verschenken noch Kostbareres, indem Sie dem anderen Zeit schenken, die sie mit ihm verbringen. Und dann gibt es noch welche, die schenken dem Partner Zeit, die er für sich verwenden kann, und drängen sich nicht in den Vordergrund. Wer Liebe schenkt, um Aufmerksamkeit zu erhalten, der schenkt lieber nichts. Wer ein Geschenk macht, ohne dass der andere weiß, von wem es stammt, und dem anderen auch noch Gutes tut, der ist wahrlich ein Meister.

Genau genommen macht uns das Leben in jedem Augenblick eine Freude, wir sollten es lernen, diese Freude wahrzunehmen. Nehmen Sie doch jetzt, in diesem Augenblick, einmal wahr: »Welche Freude möchte mir das Leben gerade machen?« Ist es All-Eins-Sein, Wärme, Stille, Wohlbehagen, ein gesunder Körper oder eine gute Nachricht? Es kann vieles sein.

Denken wir immer daran, wenn wir glauben, etwas tun zu »müssen«, dass es Menschen gibt, die nicht in der Lage sind, es tun zu »können«. Zahllose Menschen wären froh darum, einer Tätigkeit nachgehen zu können, wenn sie nur laufen, sehen oder sich bewegen könnten.

Gehen wir den Weg in Freude und bemühen wir uns darum, in allem die Freude zu entdecken. Tun wir alles aus ganzem Herzen, denn dann ist es meisterlich. Mit der Zeit lernen wir vielleicht sogar, in unangenehmen Dingen etwas Freudvolles zu sehen, weil wir uns dem stellen, was ist.

Aber es ist wichtig, darauf zu achten, diese Freude nicht nur zu denken, sich vorzustellen oder sich hineinzuversetzen, sondern sie auch wirklich zu fühlen. Wir können das praktisch austesten, indem wir unser Bewusstsein auf etwas Unangenehmes richten und gleichzeitig in dieser tiefen, inneren Freude bleiben. Wie es am einfachsten gelingt? Indem wir uns bewusst machen, wie unbedeutend dieses Unangenehme eigentlich ist. Dass es nicht darauf ankommt, ob mir Dinge angenehm oder unangenehm erscheinen, sondern dass ich sie erfahren kann, darf und soll. Angenehm oder unangenehm ist nur ein Urteil, eine persönliche Meinung, die ich jederzeit ändern kann.

Wer allem bedingungslos begegnet, der wird auch sich selbst begegnen. Finden Sie heraus, was Sie in Wirklichkeit sind, und der Erinnerung an sich SELBST steht nichts mehr im Wege.

WER BIN ICH?

»Wer ›nicht in die Welt passt‹, der ist immer nahe
daran, sich selber zu finden.«

Hermann Hesse

Was ich nicht sein kann, ist alles das, was vergänglich ist.

Ich bin also NICHT der Körper, der Verstand, eine Persönlichkeit, ein EGO oder ein Gefühl. Das alles kann ich als
Bewusstsein, das ich bin, nutzen und vorübergehend für
meinen Alltag einsetzen. Doch das sind nur Erfahrungsin-
strumente und Werkzeuge, die mit meinem Wahren Wesen
nichts zu tun haben.

Ich kann nur das Unvergängliche und Ewige sein, weil es
nichts außer diesem Einen Bewusstsein gibt. Alles andere
sind Spiegelungen und Erscheinungen, die im Bewusstsein
auftauchen, aber auch wieder verschwinden.

ICH BIN das ATMAN-Bewusstsein.

ICH BIN reine Existenz.

ICH BIN frei von jeglichen Begrenzungen.

ICH BIN ein ungetrennter Teil des EINEN SEINS.

ICH BIN grenzenlos, allumfassend, eins.

ICH BIN der ICH BIN.

ICH BIN Stille.

ICH BIN eins, alles und viele.

ICH BIN frei.

ICH BIN in jedem Augenblick vollkommen.

ICH BIN ein bewusster Schöpfer meiner Lebensumstände.

ICH BIN NICHTS und ALLES zugleich.

ICH BIN immer vollkommen gesund. Das SELBST kann
nicht krank werden.

ICH BIN nicht WER oder WAS – ICH BIN.

ICH BIN hier, um mir meine »natürliche Vollkommenheit«
bewusst zu machen.

ICH BIN ein »Außerirdischer«.

ICH BIN die liebevolle Präsenz des SEINS.

ICH BIN hier nur vorübergehend zu Gast.

ICH BIN vollkommenes, ewiges SEIN.

ICH BIN hier, um MICH, mein Selbst, »in Besitz« zu nehmen.

ICH BIN ein »Botschafter des SEINS« in der »Illusion der
Realität«.

ICH BIN Licht und Liebe.

ICH BIN Teil des Göttlichen Plans.

ICH BIN unsterblich, unsichtbar, Alter-los und Karma-frei.

ICH BIN hier, um mein »Geistiges Erbe« anzutreten.

ICH BIN dankbar für das »Geschenk zu leben« und betrachte es als Privileg, zu leben.

ICH BIN ein Energiefeld mit einer »individuellen Schwingung«, meiner »energetischen Signatur«.

Ich WAR immer und WERDE immer SEIN, denn ICH BIN.

Ich höre nicht mit den Ohren und denke nicht mit dem Verstand, sondern ich nehme wahr.

Ich KANN jederzeit in die »natürliche Vollkommenheit des SEINS« eintreten.

Mein Körper, mein ganzes Leben, ist ein vollkommener Ausdruck der »Vollkommenheit des SEINS«.

ALLES ist das EINE, das ICH BIN.

ALS das eine Sein BIN ICH und erkenne, was IST.

DIE ESSENZ:
DAS ATMAN-BEWUSSTSEIN
FÜR SICH ENTDECKEN

»Es ist wichtiger, Menschen zu studieren, als Bücher.«

François de la Rochefoucauld

Die größte Entdeckung, die wir in unserem Leben machen können, besteht darin, unser WAHRES SELBST zu »entdecken«. Das bedeutet, wieder einzutreten in die vergessene Vollmacht, die Schöpfung mitzugestalten.

Alles, was wir suchen, tragen wir bereits in uns. Wann immer wir uns Mühe geben, etwas wollen oder »an uns arbeiten«, sind wir nicht mehr auf unserem WAHREN Weg. Nur was aus Freude geschieht, ist fruchtvoll und lebenswert. Alles, was man tut, weil man es tun muss, oder glaubt, es tun zu sollen, ist eher kontraproduktiv.

Durch eine Art »optische Täuschung« erleben wir uns vom scheinbar Anderen getrennt. Doch in Wirklichkeit sind wir alle ein und dasselbe BEWUSSTSEIN. Wir kehren dann in die natürliche Ganzheit zurück, wenn wir uns daran »er-innern«. Erst wenn wir wissen, was wir wirklich sind, beginnt das wirkliche Leben. Alles, was bis dahin ist, sind nur Erfahrungen, die durchaus wertvoll sind.

Jeder Mensch ist von seinem Wahren Wesen her ATMAN-Bewusstsein. Lösen wir uns also von der durch nichts zu begründenden Vorstellung, dass es im Universum eine begrenzte Menge an Wohlstand gäbe, der möglichst gerecht zu verteilen sei. Tatsache ist, dass wir jede beliebige Menge von allem jederzeit »in Erscheinung« treten lassen können. Mangel und Knappheit sind nur Vorstellungen im Verstand und existieren nicht wirklich.

Alles, dem wir in unserem Leben an Umständen, Situationen oder Zufällen begegnen, sind nur Abbilder unseres Soseins. Das Geheimnis der Realität besteht darin, dass wir ALLES IMMER und SOFORT haben können. Unser Glaube bestimmt, ob es funktioniert oder eben nicht – ob es Zeit braucht oder sofort geschehen wird. Dabei können wir unseren Glauben und unsere Überzeugungen frei wählen.

Wenn wir schon unbedingt auf etwas verzichten wollen, warum verzichten wir dann nicht auf das Verzichten? Jede »In-Formation« ist eine Botschaft, die wir vollziehend erleben und nicht nur als Wissen abspeichern sollen.

Das Spiel des Lebens wird nicht gespielt, um es zu gewinnen, sondern um es zu spielen. Jeder Moment trägt Einzigartigkeit in sich und will erfüllt werden. Wer nachdenkt und sich sorgt, der geht vom Augenblick weg und lebt in Bildern der Vergangenheit und Zukunft. Diese Bilder sind nicht real, sie sind nur Einbildungen unserer verfälschten Wahrnehmung. Die reine Wahrnehmung ist bewusstes SEIN.

Das Leben ist ein Spiel, in dem es darum geht, sich SELBST zu entdecken. Das Leben ist kein Selbstläufer. Wir können die Regeln des Spiels selbst bestimmen, wenn wir es nur wollen. Aber es zu wollen reicht nicht aus, es bedarf der Handlung und Umsetzung. Der individuelle Spieler spielt, um mächtiger zu werden, und der bewusste Spieler verzichtet auf Macht, um des Spielens Willen.

Das Spiel des Lebens ist permanente Schöpfung. Es geht darum, ALLE Gegebenheiten, Tatsachen, Umstände, Situationen und Zufälle in einem ständigen Schöpfungsprozess zu einem »erwünschten Endzustand« umzuformen. Das ist keine Technik, sondern eine Art zu leben. Es ist das Geheimnis, wie man bewusst eine gewünschte Zukunft erschafft.

Wir haben eine bestimmte Schwingung, und unser Ziel hat eine bestimmte Schwingung. Sich mit einem Ziel in »EIN-Klang« zu bringen heißt, vom Ziel aus zu leben. Durch bewusste Selbst-Identifikation kehren Sie wieder in die Allmacht unserer Wirklichkeit zurück, unseres »Wahren SEIN«s. So erschaffen Sie ALLES.

Es ist unsere Aufgabe, die Welt von sich selbst, vom Bisherigen zu erlösen, damit Raum für das EIGENTLICHE entsteht. Dabei kann ich in »EIN-Klang« mit mir SELBST, den anderen, dem Leben, der Schöpfung und ALLEM leben. So erwacht aus der Illusion der Trennung eine Einheit, die das einzig Wahre IST.

»Die größte Entdeckung,

die wir im Leben machen können,

besteht darin,

uns selbst zu entdecken.«

Teil 2

DAS ATMAN-BEWUSSTSEIN IN DIE TAT UMSETZEN

ATMAN-Bewusstsein leben und erfahren

WIE DAS LEBEN SIE LEHRT

Es gibt da etwas, das dem Menschen oft im Wege steht. Es ist das berühmte Wörtchen »muss«. Die Menschen meinen viel tun zu »müssen«, auf das sie aber überhaupt keine Lust haben. »Ich muss Geld verdienen.« »Ich muss Erfolg haben.« »Ich muss gesund bleiben«. Das sind nur einige der Glaubenssätze, die einem das Leben schwer machen, weil man sich damit selbst unter Druck setzt. Es fängt beim Haushalt an und hört beim Arbeitsplatz auf.

Nehmen wir einmal an, Sie stehen jeden Tag im Stau, wenn Sie zur Arbeit fahren, und das nervt Sie immer wieder aufs Neue. Sie denken sich vielleicht: »Wie viel Zeit da vergeht, und wie langweilig das ist. Was Sie in dieser Zeit alles tun könnten! Wie ärgerlich! Reine Zeitverschwendung!« Sie haben also ein Problem damit, jeden Tag im Stau stehen zu »müssen«. Nun ist das eine Situation, die sich nicht einfach so wegreden lässt. Wie machen Sie aus dem »Müssen« ein »Dürfen«? Wer steht schon gerne im Stau?

Ihnen kommt vielleicht in den Sinn, dass Sie Bewusstsein sind, diese Situation Ihren Körper betrifft und deshalb gar nicht wirklich existiert. Doch dieses Wissen nützt Ihnen natürlich nichts, denn wenn Sie sich mit der Situation identifizieren, verleihen Sie ihr Realität. Die Ablehnung bleibt so oder so. Sie können es sich auch nicht schön reden.

Nun, lassen Sie uns einmal genauer hinsehen, wie sie dieser Situation als ATMAN-Bewusstsein begegnen. Dass Sie die Autos, die vor Ihnen fahren, zählen oder sich die Farben merken sollen, wird wohl nicht der Grund dafür sein, dass Sie jetzt im Stau stehen. Bestrafen will das Leben Sie auch nicht, denn das Leben kann ja immer nur einer Ursache folgen. Das ist es: die Ursache!

Nehmen wir einfach einmal an, Sie sind ein ungeduldiger Mensch, und ich kenne kaum jemanden, der wirklich geduldig ist. Es ist wohl eine Tugend, die am längsten dauert, um vollkommen entwickelt und integriert zu sein. Wenn Sie im Stau zornig, wütend und aggressiv werden, was will Ihnen das Leben denn damit zeigen?

1. Bewusstes Erleben ist Gleichklang

Es gibt Situationen, die lehnt man ab, und es gibt Situationen, die mag man. Das ist zwar menschlich, doch auch hier will uns das Leben etwas beibringen – nämlich, vom unbewussten Menschen zum Bewusstsein zu erwachen und die Dinge nicht zu unterscheiden.

Die Situation wird abgelehnt. Eine andere wiederum bevorzugt. Hier geht es darum, Gleichheit zu lernen.

Das ATMAN-Bewusstsein bevorzugt nichts, es begegnet allem gleich. Natürlich ist der Mensch als Person manchen Dingen gegenüber aufbrausend und anderen gegenüber sehr wohlwollend gestimmt, doch sich über diese Emotionen zu erheben, ist die Eigenschaft des bewussten Seins.

Sie stellen lediglich fest, wie es ist, ohne es dabei zu bewerten. Es bedarf nicht Ihrer Meinung, und es braucht auch nicht Ihre Zustimmung, Ihr Einverständnis und Ihr Gefallen zu erwecken. **Es darf so sein, wie es ist.** Dies gelingt Ihnen dann, wenn Sie die Situation aus einem gesunden Abstand heraus betrachten und einfach nur wahrnehmen.

Sie gehen in die Rolle des Beobachters, und irgendwann können Sie auch den Beobachter beobachten, weil Sie nicht mehr so stark in der Identifikation der Persönlichkeit gefangen sind. Jedes sich »mehr und mehr loslösen« wird Ihnen die Möglichkeit geben, bewusster zu leben. Je weniger ich dem Irrglauben des persönlichen ICH als Handelnder verfallen bin, umso einfacher wird sich das Leben gestalten.

Lenken Sie Ihre Aufmerksamkeit auf das, was ist, befreit von Gedanken und Empfindungen. Mit ein wenig Übung gelingt das immer besser, und wie Sie wissen, ist noch kein Meister vom Himmel gefallen.

2. Geduld lehren

Das Leben kann Sie Geduld sicher durch unzählige Beispiele lehren, bei Ihnen ist es der Stau. Sind Sie schon etwas geduldiger geworden, seit Sie im Stau stehen? Wenn nicht, dann haben Sie gute Chancen, dass sich an der Situation nichts ändern wird.

Wenn Sie ungeduldig sind, bekommen Sie genau dort Nachhilfeunterricht, wo Sie ihn am besten gebrauchen können, und dafür sollten Sie dankbar sein. Wichtig ist es nur zu erkennen, dass da was »fehlt« und »erlernt« werden soll.

In der Schule ist es ja auch nicht anders. Wenn Sie in einem Fach schwach sind, können Sie gerade darin durch Nachhilfeunterricht punkten. Nur will der Mensch im Leben nicht »geschult« werden, selbst wenn er in einigen Fächern ein »Wackelkandidat« ist. Und genau dieser Widerstand wird einem zum Verhängnis.

Was ist denn so schlimm daran, zornig zu sein? Warum darf man Zorn und Freude nicht gleichermaßen haben, und warum kann man diese Gegensätze nicht GLEICH behandeln? Natürlich will man Unangenehmes loswerden, aber es kommt ja nur hoch, um angesehen und zugelassen zu werden. In dem Moment, wo man sich dagegen wehrt, kann man es mit einiger Mühe vielleicht verscheuchen, aber unterdrücken ist nicht gleich auflösen.

3. Emotionen wie Wut durchschauen

Vielleicht gibt es da auch noch die Wut. Sollte das eben-falls ein Thema sein, das sich durch den Stau bei Ihnen meldet, dann stellt sich die Frage, »warum« der Stau Sie so wütend macht. Haben Sie das Gefühl, die Situation hindert Sie daran, etwas anderes zu tun? Fühlen Sie sich aufgehalten? Die universelle Verkleidung eines Staus scheint perfekt geeignet zu sein, Ihnen Wut zu entlocken. Im Grunde genommen ist das gut.

Nun werden Sie sich sicher fragen, was denn gut daran sein soll, wenn man wütend ist. Mit Recht! Ich werde es Ihnen sagen. Alle Emotionen, die wir nicht mögen, und das könnten auch Angst, Zorn, Aggression oder Traurigkeit sein, haben sich durch sehr viele Erfahrungen tief in uns eingebrannt. Diese Emotionen, die in der Zwischenzeit zu Mustern geworden sind, sind zäh und sitzen tief.

Doch was meinen Sie, wie kann sich beispielsweise die Wut, die Sie in sich tragen (und die Sie auch im Stau emp-finden) jemals auflösen? Indem Sie sie analysieren? Das kann nicht funktionieren, weil sie dadurch im Verstand stecken bleibt. Wir müssen schon tiefer reichen, um der Sache auf den Grund zu gehen.

Jeder Mensch will Eigenschaften, die er nicht mag, loswer-den. Doch dazu muss er zunächst wissen, woher sie kommen. Wissen Sie, woher Ihre Wut wirklich kommt? Wissen Sie überhaupt, was Wut ist? Wissen Sie, WER diese Wut empfindet? Wie soll man etwas loswerden, das man eigentlich gar nicht kennt und von dem man nichts weiß?

Vielleicht ist es ja so, dass Ihnen der Stau jeden Tag eine Chance bietet, Ihre Wut zu entschärfen? Vielleicht würde sich die Wut auch immer mehr reduzieren, wenn Sie Ihre Sichtweise ändern. Und vielleicht kommt ja nur deshalb Wut in Ihnen hoch, damit Sie sich diese Emotion ansehen können? Ist die Wut einmal da, bin ich außer Kontrolle, da ich unweigerlich in ein Muster falle. Und die Kunst, die Situation in genau diesem Moment zu durchschauen, ist wahrlich meisterlich.

Sehen Sie es einmal ganz anders. Betrachten Sie es durch das ATMAN-Bewusstsein. Der Stau entlockt dem Menschen, den Sie ICH nennen, Wut, weil Wut hochkommen muss, um sich aufzulösen. Sie muss immer wieder aufwallen, um eines Tages verschwinden zu können. Bevor die Wut zahm wird, wird sie aufbrausen müssen.

Ein Kübel wird nicht leer sein, bevor Sie nicht das ganze Wasser ausgekippt haben. Das gibt eine kleine Überschwemmung und kann ganz schön nass werden. Doch wenn der Kübel nicht mehr ganz so voll ist, dann beruhigt sich die Wut, weil sie weniger geworden ist.

Der Mensch neigt dazu, einen Grund für die Wut oder andere Dinge zu suchen, gegen die er machtlos zu sein scheint. Man fragt nach, fragt sich selbst und erhofft Antworten, die Lösungen bieten sollen. Würden Sie eine Antwort darauf finden, was könnte sie Ihnen dann nützen? Die Antwort wird das Problem nicht lösen, denn das Problem liegt ja darin, dass Sie etwas nicht wollen, dass Sie etwas ablehnen, dass Sie Widerstand leisten, dass Sie mit etwas nicht umgehen können und nicht wissen, wie Sie es handhaben können. Mich stört Ihre Wut ja nicht. Mich betrifft sie auch nicht, und ich lenke auch nicht meine ganz Aufmerksamkeit hinein. Ich kümmere mich einfach nicht darum. Sie aber wollen die Wut, das Unangenehme, loswerden, weil Sie es als unangenehm empfinden.

Mit einem Satz: Sie identifizieren sich mit der Wut. **Sie glauben, der zu sein, der Wut empfindet, und Sie glauben, diese Wut zu sein. Weil Sie das glauben, leisten Sie Widerstand.** Das sind gleich zwei Einbildungen, die nicht der Wahrheit entsprechen. Sie entsprechen Ihrer Realität, die aber nicht die Eine ist.

Wer sich als ATMAN-Bewusstsein erkannt hat, würde sich nicht dagegen wehren. Er kann zwar wahrnehmen, dass da jemand ist, der wütend ist. Das würde ihn aber nicht weiter stören, weil er sich nicht mit der Wut identifiziert. Die Hülle, in der er sich bewegt, empfindet Wut. Und das darf sie auch. Aber es betrifft ihn nicht. Sie hat ja nichts mit ihm zu tun.

Es ist also die Beziehung zu ETWAS, die das Chaos entfacht, nicht die Sache selbst, die scheinbar schuld daran ist. Wenn Sie ein unangenehmes Gefühl einfach so bestehen ließen und Abstand dazu einnehmen würden, um es aus der Distanz zu betrachten, könnte es sich mit der Zeit ganz sanft lösen. Festzustellen, dass Wut da ist, reicht vollkommen aus. Die Frage, was denn jetzt zu tun sei, ist überflüssig. Lassen Sie es einfach geschehen. Ihre Ablehnung nützt Ihnen ja nichts, deshalb verschwindet die Wut nicht und die Situation bleibt ebenfalls unverändert. Wäre es unter diesen Umständen nicht besser, die Situation und die dazugehörigen Emotionen und eventuellen Gedanken einfach im Raum stehen zu lassen?

Hier geht es nicht darum, alles anzunehmen oder sich einzureden, es annehmen zu müssen, damit es verschwindet. Es geht darum, gar nicht erst eine Beziehung dazu aufzunehmen und so zu tun, als hätte es nicht das Geringste mit Ihnen zu tun. Hat es ja auch nicht.

Vielleicht sagen Sie jetzt, »aber ich empfinde diese Wut doch«. Und da sind wir wieder an dem Punkt angelangt, wo es Ihnen zum Verhängnis wird, dass Sie nicht um Ihre wahre Identität wissen. Solange Sie sich einbilden, dieser Mensch oder dieses Ego zu sein, werden Sie natürlich Zorn empfinden. Es wird sich in Bezug auf den Zorn auch nichts ändern, weil Sie sich ja damit identifizieren. Sie sollten daher zunächst herausfinden, WER Sie wirklich sind, denn nur wenn Sie in Ihr ATMAN-Bewusstsein eintauchen, werden Sie zum Zorn Abstand gewinnen können.

Dieser Abstand ist kein Vorgang oder etwas, was Sie tun »müssen«. Er entsteht automatisch, wenn Sie zu sich selbst erwacht sind. Zorn hat nichts mit Bewusstsein zu tun, es ist nur Ihre persönliche Form einer getrübten Wahrnehmung.

෨ • ෯

Es gibt keinen anderen Weg, als sich immer wieder daran zu erinnern, WER, WAS und WARUM Sie eigentlich sind. Lassen Sie Ihren Weg, der immer nur das Ziel sein kann, nicht aus den Augen. Wenn Sie sich aber wieder einmal völlig vergessen und zu 100 % die Persönlichkeitsrolle eingenommen haben, dann nimmt Bewusstsein die Form eines Staus an und lehrt sie Geduld und Gelassenheit.

Jeder Stau, ja jede Unannehmlichkeit, gibt Ihnen die Möglichkeit, sich selbst zu entdecken. Reagieren Sie weiterhin als Mensch mit Verstand und Ego, dem der Stau einfach nur auf die Nerven geht, oder lassen Sie sich auf das Experiment ein, sich SELBST zu entdecken?

Korrigieren Sie diese einseitigen Gewohnheiten und begrenzten Sichtweisen, und Disharmonie wird sich in Harmonie verwandeln.

WIE SIE DISHARMONIEN DER WOHNSTÄTTE DES »ATMAN-BEWUSSTSEINS« KORRIGIEREN

»Bevor man etwas brennend begehrt, sollte man das Glück dessen prüfen, der es bereits besitzt.«

François de la Rochefoucauld

Der Körper funktioniert nur durch einen ständigen Energiefluss, der ihn erhält und bewahrt. Auch er ist ein Teil der selbst geschaffenen Realität. Unser Bewusstsein spiegelt sich in seiner Form, dem Gesundheitszustand und seiner Entwicklung, und allein dieses Bewusstsein prägt ihn. Was auch immer wir im Außen tun oder dem Körper zuführen, ist deshalb nicht die optimale Lösung, wenn er in Disharmonie geraten ist.

Der Körper wird sich nur durch das bewusste SEIN, erneuerte Überzeugungen und das Loslassen alter Glaubenssätze bis ins hohe Alter an seiner Gesundheit erfreuen. Jede Unstimmigkeit in unserer emotionalen und gedanklichen

Struktur setzt sich auch im Körper fest. Der Körper kann diese Disharmonien in unserem Geist lange Zeit ausgleichen, aber irgendwann ist es auch ihm nicht mehr möglich. Dann sendet er uns Botschaften und gibt uns damit zu verstehen, dass wir aus dem Gleichgewicht geraten sind. Diese hilfreichen Hinweise nennen wir Krankheit.

Um gesund zu bleiben, braucht der Körper liebevolle Aufmerksamkeit, die in erster Linie durch eine befreite und höher schwingende Bewusstseinshaltung geschieht. Aus den verschiedenen Überzeugungen, die wir uns so zugelegt haben, formt sich im Bewusstsein das SELBST-Bild, das sich genau so, wie wir jetzt sind, im Außen darstellt. Überzeugungen wie »Im Alter kommen die ersten Probleme« oder »Wer alt wird, kann nicht gesund bleiben«, prägen und begrenzen uns. Diese Begrenzungen erlauben uns nicht, unseren Körper in Gesundheit zu erleben, sondern wir schwächen ihn damit noch zusätzlich.

Lässt der Körper durch begrenzende Überzeugungen in seiner Leistungsfähigkeit nach oder wird er krank, muss die so geschaffene Schöpfung durch Erleben aufgelöst werden. Entwickle ich stattdessen Widerstand gegen das Kranksein, bindet das die Aufmerksamkeit, und die Schöpfung Krankheit verstärkt sich. Dies geschieht solange, bis ich bereit bin, meine eigene Schöpfung Krankheit zuzulassen und durch bewusstes Erleben aufzulösen.

Indem ich die Krankheit und mich als eigene Schöpfung erlebe, kann sich die Krankheit wieder auflösen. Ich gehe also in die Krankheit hinein, identifiziere mich mit ihr als eigene Schöpfung und lasse sie zu. Wenn ich für sie Verständnis habe und sie so als selbst produzierte Erfahrung erlebe, dann gehe ich in die Gewissheit, das sie so, wie sie gekommen ist, auch wieder deaktiviert werden kann. Das nennen wir Gesundung.

Ich habe durch mein unbewusstes SEIN die Krankheit erzeugt und löse sie nun durch mein bewusstes Sein wieder auf. Das ist das einzige Gegenmittel, das hilft. Wie soll Krankheit anders aufgelöst werden? Man kann sie zwar bekämpfen, wie viele es tun, nur ist das der schmerzvolle Weg. Der Weg der Heilung führt über die Erkenntnis, und das ist auch der natürliche Weg. Der Weg durch das Bewusstsein.

Machen Sie sich also bewusst, der Heiler ist immer die Krankheit selbst. Sie brauchen nur diesen Heiler namens Krankheit bewusst und dankbar fühlen und erleben, dann wird Heilung geschehen. Und zwar ganz von selbst. Sie können Ihren Körper dabei unterstützen, indem Sie die verschiedenen Überzeugungen nacheinander auflösen. Diese alten Überzeugungen, die man meist von anderen übernommen hat, sind sehr hartnäckig, und oft merkt man gar nicht, dass man so eine Überzeugung hat. Eigene Erfahrungen, Meinungen und Gedanken sind ebenfalls Ursachen für Krankheit, und wer sich darin verliert oder sie festhält, der darf sich nicht über entsprechende Wirkungen wundern.

Erschaffen Sie sich doch ein neues Körper-Bild. Machen Sie sich bewusst, dass es nicht erforderlich ist, krank zu sein, ein Leben lang zu leiden, um irgendwann vielleicht einmal Erlösung zu erleben. SIE sind der Erlöser, auf den Sie so lange gewartet haben. Wenn Sie sich verpassen, wird keiner mehr kommen.

Das Haupthindernis für Gesundung dürfte sein, dass die meisten Menschen dem Irrglauben verfallen sind, der Körper sei eine selbständige Wirklichkeit. Sie glauben, dass er nun einmal bestimmte Eigenschaften hat, und deshalb versuchen sie sich damit abzufinden und das Beste daraus zu machen. Das Beste ist aber etwas ganz anderes. Das Beste ist, diese Vorstellung als »falsch« zu erkennen, die nur deshalb als Realität in Erscheinung tritt, weil Sie daran glauben. Es ist allein Ihre Überzeugung, die das, was Sie Ihr Leben nennen, zur Wirklichkeit erklärt. Ihr Glaube erschafft sich die Ihrem Glauben entsprechende Erfahrung. **Ihre Disharmonien sind also nur eine Bestätigung für Ihre Unwissenheit.**

Fühlen Sie einfach einmal in sich hinein und nehmen Sie wahr, wie alt Sie wirklich sind. Sie werden feststellen, dass dieses Empfinden mit dem »Baujahr« Ihres Körpers oder seinem derzeitigen Zustand nicht identisch ist. Sie werden dabei ganz klar erkennen, dass Sie etwa dreißig Jahre alt sind, wenn man dieses Gefühl in ein Alter übersetzen würde. Ändern Sie also Ihr Körperbild gleich jetzt und gestatten Sie Ihrem Körper, sein wahres Alter zu leben. Sie werden sich sofort besser fühlen. Wenn Sie das konsequent machen und es ständig wiederholen, kann das ein Wunder bewirken. Der Körper befreit sich selbst von »Alterskrankheiten«, sobald er kein Alter mehr hat.

In einem zweiten Schritt könnten Sie sich von einem hartnäckigen Leiden befreien, indem Sie erkennen, dass die Verbindung dieses Leidens mit einer scheinbaren »Ursache« in der Vergangenheit nur eine Vorstellung ist, die das Leiden ständig in der Realität hält. Ein Unfall oder eine Infektion mag damals das Leiden ausgelöst haben, die Ursache aber ist eine meist unbewusste eigene Überzeugung. **Die Ursache ist also nicht der Unfall oder die Krankheit, sondern die Überzeugung und Bewusstseinshaltung, die man im Zusammenhang damit lebt.** Sobald Sie diese verursachende Überzeugung erkennen und auflösen, verschwindet auch das daraus resultierende Leiden, selbst wenn es längst chronisch geworden sein sollte und Ihr Arzt Ihnen gesagt hat, dass Sie »damit leben müssen«.

Der Arzt gibt sicher sein Bestes, und diese Aussage entspricht seiner Ausbildung und seinem naturwissenschaftlichen Weltbild, und wenn Sie das Gesagte glauben, erschafft diese »neue« Überzeugung genau das, was Sie befürchten. Wie oft schwatzt man so daher, »der« habe aber Recht gehabt. Ja, natürlich hat jeder Recht, wenn Sie seine Aussage übernehmen, denn dann produzieren Sie genau das, was er gesagt hat.

Gesundung

Versuchen Sie erst gar nicht, die Zusammenhänge einer möglichen Krankheitsursache zu verstehen, denn das will ohnehin nur Ihr Verstand, ohne Ihnen dabei helfen zu können. Setzen Sie sich nicht mit der Krankheit auseinander, sondern widmen Sie sich ganz und gar Ihrer Gesundheit. Nur das Gesundsein zählt, alles andere muss nicht wieder belebt und ständig erinnert werden, was ohnehin nur wieder krank macht.

Kümmern Sie sich um Gesundheit, ohne gegen Krankheit anzukämpfen. **Tun Sie alles dafür, aber nichts dagegen.** Es genügt, wenn Sie erkennen, dass ALLES, was jetzt ist, auch JETZT geschaffen wird, und dann stellen Sie die erhaltende Energie ab, so wie Sie das Licht ausschalten. Unabhängig, wie lange das Licht schon gebrannt hat oder die Krankheit schon besteht, wenn Sie es abschalten, ist es aus, dann vergeht die Disharmonie.

Das Verfahren zur Auflösung von körperlichen Disharmonien ist einfach und absolut zuverlässig, es sei denn, Sie können nicht daran glauben. Dann geschieht nämlich genau das, was Sie glauben und nicht das, was Sie nicht glauben können. Dieser Glaube ist ein inneres Wissen, das GEWISS-

HEIT bedeutet, dass es so ist. Auch wenn man es nicht erklären kann, man weiß es einfach. Und so funktioniert die Umprogrammierung, die ein Heil SEIN nach sich zieht:

1. Erkennen Sie sich als Schöpfer dieser Realität und übernehmen Sie so die volle Verantwortung. Das hat nichts mit Ursachenfindung oder Schuld zu tun. Es gibt keine Schuld, nur Ursache und Wirkung, das sollten Sie sich nicht nur merken, sondern verinnerlichen.

2. Machen Sie sich Ihre einzelnen Überzeugungen, Ihren Körper betreffend, bewusst, am besten schriftlich, und lassen Sie sich dabei Zeit, bis Sie alles erkannt haben.

3. Gehen Sie ohne jede Bewertung und ohne Widerstand in jede dieser Überzeugungen hinein. Identifizieren Sie sich damit und erleben Sie sie ganz bewusst, am besten, bis es Ihnen langweilig wird. Erst dann können Sie sicher sein, dass keine erhaltende Energie mehr fließt.

4. Überschreiten Sie die Identifikation damit, indem Sie sich als Bewusstsein weiter ausdehnen und sich so wieder außerhalb der Situation befinden.

5. Bezeichnen Sie das, was ist, als das, was es ist, und machen Sie sich bewusst: »Das bin ich nicht. Es ist nur eine Überzeugung meiner Schöpfung.« Gestatten

Sie dieser Schöpfung, sich jetzt aufzulösen. Lassen Sie sie los, Sie brauchen Sie nicht mehr. Sobald die erhaltende Energie nicht mehr fließt, hört diese Realität auf zu existieren.

6. Wiederholen Sie diese Schritte solange, bis nichts mehr vorhanden ist.

Erst wenn alle Überzeugungen, Meinungen und Vorstellungen gelöscht worden sind, gehen Sie zum wichtigsten Schritt über: Lösen Sie Ihre falsche Identität auf, die Sie bewusst oder unbewusst geschaffen haben und die verantwortlich ist für das, was Sie ein anstrengendes, schlimmes oder beängstigendes Leben nennen.

Wenn Sie aus der Ich-Persönlichkeit in das Selbst-Bewusstsein gewechselt sind und ganz als ATMAN-Bewusstsein verweilen, dann erlöst sich alles. Dann ist niemand mehr da, der noch erhaltende Energie fließen lassen könnte, und die selbsterschaffene und eingebildete Realität verschwindet. »Ent-schöpfen« Sie den oder das, was den Körper, den Sie Ihr eigen nennen, so geformt und geprägt hat.

Lassen Sie folgenden Satz auf sich wirken. Sprechen Sie ihn laut aus und verinnerlichen Sie ihn: »ICH BIN erwacht, und jede Zelle meines Körpers ist ein vollkommener Ausdruck der Vollkommenheit des ICH BIN.«

Atmung

Mit dem Atem können wir die Heilungs-Energie beliebig im Körper lenken und an jeder gewünschten Stelle einfließen lassen. Wenn wir sie dann auch noch konzentriert halten, haben die Zellen die Möglichkeit, sich wieder zu erneuern, zu erinnern und so zu werden, wie sie es ursprünglich waren. Bei ausreichender Dauer der Anwendung von Atem-Techniken können alle Blockaden und Hindernisse aufgelöst werden, und Heilung geschieht.

Eine wirkungsvolle »Heilenergielenkung« sollte pro Organ etwa eine Stunde dauern. Je länger es dauert, umso bessere Erfolge kann man erzielen. Fangen Sie also am besten mit einem Organ oder einem Körperteil an, damit Sie das Geschehen bewusst erleben. Es können auch mehrere Organe gleichzeitig energetisiert werden, aber dann dauert es eben länger, bis die Wirkung spürbar wird.

Und so gehen Sie vor: Es beginnt damit, dass Sie ruhig und gleichmäßig atmen. Dann beginnen Sie einen Atemzug ganz langsam, während Sie sich das zu energetisierende Organ oder den Körperteil vorstellen und dabei Atem und Organ in »EIN-Klang« bringen. Sie spüren, dass es funktioniert, wenn der Atem und das Organ eins werden.

Also erst mit sanftem Atem »einrasten« und dann in »EIN-Klang« die Energie fließen lassen. Bei jedem Atemzug wird neu »eingefädelt«. Das geht mit jedem Atemzug lcichter und schneller, und nach einiger Übung sind Sie sofort im Einklang mit sich selbst. Dann setzen Sie diesen Vorgang etwa eine Stunde fort, und Sie werden das Ergebnis der spürbaren Heilung schon beim ersten Mal wahrnehmen können.

Es wäre sinnvoll, diese Wirkung auf den ganzen Körper auszudehnen und SO STÄNDIG Heilenergie zu atmen. Gewöhnen Sie es sich an, das auch im Alltag zu praktizieren, und Sie haben Ihr Geheimnis für immerwährende Gesundheit entdeckt.

Zellerneuerung

Schaffen Sie sich einen Körper, den Sie sich wünschen, als Ihre neue Realität. Das geschieht unter Zuhilfenahme der folgenden Schritte:

1. **Selbst-Identifikation erneuern**

   Ich erkenne mich als den Meister, der ich in Wirklichkeit bin. Ich mache mir bewusst, dass meine Überzeugungen und mein Glaube wirklichkeitsschaffende Energien sind, und wähle ganz bewusst meine neue Überzeugung. Ich gestalte und erschaffe meinen neuen Körper in meiner Vorstellung mit all den Eigenschaften, die er haben soll.

2. **Neue Identifikation in Besitz nehmen**

   Durch Identifikation trete ich nun ein in meinen neuen

Körper und nehme ihn in Besitz, indem ich ALS dieser neue Körper atme, denke, fühle, rede und handle.

3. **Die Macht der Widerholung nutzen**
   Durch ergänzende Überzeugungen vervollständige ich meinen neuen Körper, den ich liebe und achte.

4. **Dankbarkeit**
   Dankbar lebe ich in meinem neuen Körper, der nun für immer gesund bleiben wird, wenn ich diese Überzeugung GEWÄHLT habe, sie GLAUBE und dafür aufrichtig DANKBAR bin.

Heil SEIN bedeutet HEILUNG

Heil SEIN bedeutet, sich als BEWUSSTSEIN zu erfahren, als ATMAN-Bewusstsein zu leben und das Leben als Beobachter aus dieser erweiterten Haltung heraus zu sehen. Schon die Weisheit der Sprache zeigt uns den engen Zusammenhang zwischen Heil und heilig. Heil heißt »ganz« oder »vollkommen«. Wenn ein Spielzeug kaputt geht, macht es die Mutter wieder »heil«. Auf dem Wege zu dieser natürlichen Ganzheit begegnen wir der Krankheit als Freund und Lehrer, die uns immer nur darauf aufmerksam macht, dass wir nicht »heil« sind. Notfalls zwingt uns der Schmerz dazu, uns »mit unserer Ganzheit zu befassen«.

Wir haben unsere Natürlichkeit, unseren Ursprung und unser EINSSEIN aus den Augen verloren, und deshalb entstehen Disharmonien. Sie wollen uns nur hilfreich zur Seite stehen und uns keineswegs schaden. Wir denken, Krankheit kommt immer ungelegen, ist unerwünscht und will uns schaden. Das Gegenteil ist der Fall. Dies können wir aber oft erst in späteren Jahren erkennen, da wir bis dahin mit sehr vielen unwichtigen Dingen beschäftigt sind. Das Leben verläuft oberflächlich, und die Zeit streicht unbewusst vorbei, doch eines Tages ändert sich diese begrenzte Sicht, und wir machen uns auf den Weg.

HEILUNG bedeutet, dass wir auf dem Weg sind und im physischen Bereich »heil«, also ganz. Solange wir als Person noch andere Personen wahrnehmen, sind wir in der Trennung. Wir können und werden auch als Bewusstsein andere wahrnehmen, nur verändert sich die Perspektive. Wir sehen nicht als Mensch den anderen Menschen, sondern erfahren als Bewusstsein das des anderen. Das, was wir sehen, ist natürlich noch da, aber es hat die Wertigkeit verloren.

»Heiligung« ist die Heilung der anderen Bereiche unseres Daseins, unserer Seele, unseres Bewusstseins, unserer spirituellen Entwicklung und ALLER Aspekte unseres Seins. Der Weg der Heiligung wird beschritten, wenn ein Aspekt nach dem anderen in die natürliche Ganzheit, das natürliche Heil SEIN zurückgeführt wird. Wir nennen das auch den Weg der Evolution und das

Ergebnis. Wenn dieser Weg vollendet ist, erscheint das Heilig-Sein. Dann haben wir unseren Seinsauftrag vollkommen erfüllt: »Ihr sollt vollkommen sein, wie der Vater im Himmel vollkommen ist.«

Das Leben ist unser »Einweihungsweg« in dieses »Heilig-Sein« unseres Wahren Wesens. Erst der so vollendete Mensch ist der wahre Mensch, alle anderen befinden sich noch auf dem Weg zu sich selbst, denn Heil SEIN ist der natürliche Zustand unseres Wahren Wesens – wenn Gott ganz im Menschen verwirklich ist.

ƒÜR »FORTGESCHRITTENE«
AUF DEM GEISTIGEN WEG

»Die Öffentlichkeit hat eine unstillbare Neugier,
alles zu wissen, nur nicht das Wissenswerte.«
Oscar Wilde

Wenn Sie auf dem geistigen Weg schon fortgeschritten sind, dann kennen Sie schon alles. Man kann Ihnen nichts Neues mehr erzählen. Aber haben Sie das, was Sie wissen, bereits in Ihr Leben umgesetzt? Leben Sie das, was Sie wissen, oder wissen Sie es nur?

Der Mensch, der sich »auf dem Weg« befindet, kann eigentlich nie etwas Neues erfahren, weil JEDER das allumfassende Wissen in sich trägt. Wir haben das allumfassende Universelle Wissen nicht nur in uns abgespeichert, sondern wir SIND dieses Wissen. Aber solange wir dieses Wissen noch nicht verinnerlicht haben, sind wir weiter auf der Suche. Wir bleiben im Spiel des »Weiterkommens« gefangen und meinen, immer dasselbe zu hören. Scheinbar wissen die andern auch nicht mehr, da es ganz selten neue Ansätze gibt.

Wenn Sie diese beschriebene Erfahrung kennen, dann haben Sie bisher aus dem »Ich«-Bewusstsein heraus gelebt, gehofft und gewirkt. Ein »Ich« erlebt die Dinge jedoch nur an der Oberfläche und ist nicht in der Lage, in die Tiefe zu gehen. Um in die Tiefe zu gehen, bedarf es des einen Schrittes vom ICH zum SELBST, der wohl der wichtigste Schritt in unserem Leben ist. Ein Wissender kann Ihnen Tausende Koffer voller Weisheit, Taschen voller Erkenntnisse, Pakete voller praktischer Erfahrungen, Briefe mit reinen Essenzen gefüllt und viel anderes kostbares Gut überbringen, doch was bringt Ihnen das? Es ist nicht Ihre Erfahrung, und das Wissen nur zu hören, zu lesen oder zu wissen, reicht nun einmal nicht aus, um zu sich SELBST zurückzukehren. Das »Ich« wird »enttäuscht« sein und feststellen, dass es all diese Koffer, Taschen, Pakete und Briefe schon längst kennt.

Wenn Sie hingegen nur einen einzigen Moment bei SICH und somit ganz Sie SELBST sind, dann geschehen Wunder über Wunder. Sie schauen rein und packen ein Geschenk nach dem anderen aus. Sie vollziehen alles sofort, und Ihr Bewusstsein wird in JEDEM Augenblick bereichert und Sie können die Fülle gar nicht richtig fassen. Das »Ich« aber, das steht nur »ent-täuscht« daneben und denkt sich: »Schade, dass kenne ich ja alles schon.« Es betrügt sich damit um alles. Das »Ich« kann nichts anders, es will zwar weiter, kann jedoch nicht, denn »weiter zu gehen« bedeutet nicht vorwärts, sondern in die Tiefe zu gehen. Das persönliche »Ich« kann aber nicht in die Tiefe gehen, es begleitet uns nur dabei, damit wir zu dem Tor gelangen, das in die Tiefe führt. Die Tiefe ist das SELBST, und so kann das Ich die Tiefe gar nicht betreten, sondern bleibt zurück, wenn wir in das SELBST eintauchen.

> Das SELBST und das Ich werden sich niemals begegnen, aber ohne Ich könnten wir nie zu unserem SELBST gelangen.

Wenn es also »weiter« gehen soll, brauchen Sie diesen Identitätswechsel, und das ist der Schritt von der Unbewusstheit ins BEWUSSTSEIN. Sie können Ihr Ich nur erlösen, indem Sie sich vom »falschen Ich« lösen und in das wahre ICH BIN eintauchen und erkennen, was Sie wirklich sind. Im gleichen Augenblick erkennen Sie, dass das Leben Ihnen immer nur Geschenke machen möchte, und der Schritt »nach Hause« steht bevor.

Nun kann alles in »EIN-Klang« erlebt werden – was auch immer es ist, so soll es sein.

IN »EIN-KLANG« LEBEN

»Glück ist Bewusstsein und Unterbewusstsein in
Einklang zu bringen.«
Ulrich H. Rose

Mit sich selbst, mit anderen, mit dem Leben, mit der Schöpfung und mit allem in »EIN-Klang« zu leben, das ist unser Ziel. Es ist der Weg, der uns unserem SELBST näher bringt und uns zu unserer wahren Identität führt.

Alles, was geschieht, begleitet uns auf dem Weg, und es sind immer nur Botschaften, die sich hinter all den Umständen und Situationen des Lebens verstecken. Indem ich mir bewusst mache, dass alles, was mir widerfährt, ich selbst, und alles, was mich umgibt, immer nur Energiefelder sind, kann ich meine Aufmerksamkeit bewusst darauf richten. Indem ich meine Aufmerksamkeit darauf richte, werde ich MIR als Energiefeld bewusst und kann meine Energiequalität verändern.

Ich bin BEWUSSTSEIN, das einen Körper hat, aber es ist nicht umgekehrt. Die meisten Menschen glauben, sie sind der Körper und haben ein Bewusstsein. Doch so ist es nicht. Wenn ich mir NICHT als Energiefeld bewusst bin, bin ich starr, und es findet keine Anpassung statt. Indem ich meine Aufmerksamkeit ganz gezielt »auf mich als Energiefeld« richte und mich damit identifiziere, bin ich in der Lage, alles zu ändern.

Ich sollte dabei mit mir anfangen, meine Aufmerksamkeit auf MICH richten, mich energetisch wahrnehmen, mich als Energiefeld erkennen und mich damit identifizieren. Dann erkenne ich, was nicht stimmt und was zu tun ist. Ich kann es sofort verändern und besser geschehen lassen, indem ich meine Aufmerksamkeit auf den erwünschten Endzustand gerichtet halte. Wer in »EIN-Klang« mit sich Selbst ist, der wird auch ein harmonisches Leben erfahren.

Indem ich meine Aufmerksamkeit darauf gerichtet halte, beginnt es sich sofort in die beabsichtigte Richtung zu verändern. Praktisch heißt das, ich mache mir einmal die Qualität meiner Energie bewusst. Ist mein Energiefeld groß, ist es klein, ist es warm, kalt oder niederfrequent, oder ist es hoch schwingend und frei? Pulsiert es, oder fließt es gleichmäßig? Ist es in den verschiedenen Bereichen unterschiedlich, und wo ist die Mitte?

Dann nehme ich einmal einen anderen wahr und vergleiche ihn mit mir. Wo ist der andere ganz anders als ich? Wie von selbst entsteht dadurch ein innerer Maßstab für Energieunterschiede. Anschließend vergleiche ich das mit der Energie einer Pflanze, eines Tieres, einer Sache, einer Situation, einer Beziehung und dergleichen mehr. Auf diese Weise kann ich beunruhigende und besänftigende, strubbelige und harmonische Energien erkennen und beginne nun damit, Energie bewusst zu verändern.

Zunächst beginne ich damit bei mir, indem ich wahrnehme, welche Energiequalität mir fehlt. Fehlt mir beispielsweise die Freude oder die Leichtigkeit? Habe ich erkannt, welchen Mangel ich lebe, dann kann ich ganz bewusst diese Energie hinzufügen. Ich lasse ganz gezielt Freude in mir aufkommen oder Leichtigkeit entstehen.

> Freude entsteht, indem ich meine Aufmerksamkeit darauf richte und gerichtet halte, bis ich mit dem Ergebnis zufrieden bin. So kann ich JEDE beliebige Energie in mir entstehen lassen.

Dann projiziere ich eine beliebige Energie einmal auf einen anderen und erlebe, wie er sich verändert. Das kann ich mit allem Beliebigen machen, wie beispielsweise einem Raum, und bestimme so die Raumatmosphäre. Das Gleiche mache ich mit einer Situation oder mit der Zukunft. Ja, ich kann sogar meine Zukunft wählen, BEVOR ich sie verursache. Indem ich meine Aufmerksamkeit darauf richte, kann ich aber auch überprüfen, was noch an »unrealisierter« Realität energetisch in mir liegt und was früher oder später in Erscheinung treten würde. So kann ich es ändern oder beschleunigen, wenn es mir nicht entspricht, und es genauso gestalten, wie ich es denn gerne hätte.

Der erste Schritt zum Verändern der Situation besteht darin, mir bewusst zu machen, was ich eigentlich wirklich will. Ich muss feststellen, was ich derzeit verursache. Meine Ausstrahlung verursacht das, was ich ausstrahle, und nur das, was auch mit meiner Ausstrahlung übereinstimmt, wird sich in meinem Leben im Außen zeigen können. Wenn etwas nicht mit meiner Schwingung konform geht, kann ich es auch nicht anziehen. Also bedarf es einer Anpassung. Das heißt, das Energiefeld Mensch, die Informationseinheit, die ich bin, muss entsprechend geändert werden.

Alles, was ich im Außen erfahre, ist in Erscheinung getretenes Abbild meiner Energiequalität. Vielleicht kenne ich jemanden, der genau das anzieht, was ich gerne hätte, und ich kann bei ihm einmal »nachschauen«, wie und womit er es in sein Leben zieht. Welche Energiequalität verursacht genau das? Weshalb habe ich diese Energiequalität nicht? Was muss ich tun, um genau das auch zu verursachen?

So bekomme ich langsam ein Gefühl für Energiequalitäten und Unterschiede. Nur wer sich damit auseinandersetzt und sich darin übt, wird zum Meister werden. Wir sollten also erkennen, welche Haltung und welche Einstellung es braucht, um ein bestimmtes Ergebnis hervorzurufen. Vor allem aber die Identifikation entscheidet die

Zukunft. Das Gefühl, das zu mir gehört und das ich empfinde, ist ausschlaggebend für die jeweiligen Veränderungen. Wenn ich mich mit etwas emotional nicht identifizieren oder mir etwas, was ich gerne hätte, nicht
vorstellen kann, wird es sich auch nicht verwirklichen.
Mit dem Glauben ist es genauso. Wenn ich etwas nicht
glauben kann, dann kann es nicht sein.

Ich kann ALLES »IN JEDEM AUGENBLICK«
verändern, vorausgesetzt, ich kann es als zu mir
gehörig betrachten und mich damit identifizieren. Wenn ich es fühle, glaube und BIN, dann
werde ich es auch in mein Leben ziehen.

Alles, was meinem Sosein entspricht, das wird sein. Alles
andere ruht. Wenn ich krank bin und gerne gesund sein möchte, dann mache ich mir bewusst, welche Energiequalität
Gesundheit ganz natürlich hervorruft. Es ist Lebensfreude,
Leichtigkeit, innere Harmonie und das Bejahen von ALLEM
was ist. Es ist ein Gefühl, dass alles in Ordnung ist und auch
»ICH« in Ordnung BIN. Wenn das alles meinem Sosein
entspricht und ich es auch BIN, kann Gesundheit ganz natürlich und selbstverständlich in Erscheinung treten.

Nun kann ich, wenn ich nicht gesund bin, überprüfen,
wo genau lebe ich in einer anderen Energie und WAR-

UM? Womit und warum rufe ich etwas anderes in mein Leben? Wo blockiere ich meine Gesundheit und mein Wohlbefinden?

Vielleicht denke ich auch: »Wie kann ich in Harmonie sein und alles in Ordnung finden, wenn ich Probleme habe und doch jeder irgendwo Probleme hat?« Dieser Gedankengang zeugt von Mangel und Unvollkommenheit. Ich gehe dann davon aus, dass es ganz normal ist, krank zu sein. Wenn ich das denke, werde ich nicht dauerhaft gesund sein können.

> Gesundheit ist der einzige natürliche Zustand, alles andere ist ein Ungleichgewicht, das ausbalanciert werden kann.

Wenn ich erkenne, dass ich auch meine Probleme selbst schaffe und dass ICH sie JEDERZEIT lösen kann, kann ich damit sehr wohl in Harmonie sein. Dann kann ich durchaus mit meinen Umständen einverstanden sein. Dann gibt es keine Probleme, sondern nur noch Umstände, die jederzeit geändert werden können.

Alles ist wertvoll, und die »Schöpferische Imagination« hilft mir dabei, dies und mich SELBST zu erkennen.

MIT »SCHÖPFERISCHER IMAGINATION« ZUR WUNSCHERFÜLLUNG?

> *»Es gibt ein erfülltes Leben trotz*
> *vieler unerfüllter Wünsche.«*
> Dietrich Bonhoeffer

»Schöpferische Imagination« ist PERMANENTE SCHÖPFUNG. Es bedeutet, ALLE Gegebenheiten, Tatsachen, Umstände und Situationen in einem STÄNDIGEN Schöpfungsprozess AUTOMATISCH in den »erwünschten Endzustand« umzuformen und als neue Gegenwart dankbar anzunehmen. Dies geschieht, indem ich mich wert fühle, Erfüllung zu empfangen, und mich mit dem erwünschten Endzustand identifiziere und ihn durch Identifikation »in Besitz« nehme.

»Schöpferische Imagination« ist keine Technik, um das zu erhalten, was man gerne haben möchte, sondern es ist eine Lebensphilosophie. Es ist eine Art zu leben, nämlich so, wie ich vom Leben »gemeint« bin. Dazu brauche ich nur damit beginnen, als bewusster Schöpfer mein Leben

zu gestalten. Ich ganz alleine erschaffe meine Lebensumstände und kann sie jederzeit beliebig verändern.

∂ • ∽

Schauen wir einmal hin, wie alles begann. Am Anfang
war das NICHTS, die vollkommene Leere als Potenzial
für alles. Dieses NICHTS trat als Schöpfer in Erscheinung
und begann zu »schöpfen«. Das Ergebnis nennen wir
Universum, und es wird immer noch in JEDEM Augenblick neu erschaffen. Obwohl wir alle in einer gemeinsamen Welt leben, schafft sich so doch jeder als Schöpfer
seines Lebens seine ganz eigene Welt.

Wir alle sind als Individuen ungetrennte Teile der EINEN
KRAFT. Wir sind dazu eingeladen, an dieser ständigen
Neuschöpfung teilzunehmen und die Welt als Mitschöpfer
mitzugestalten. Der Weg dazu ist einfach, stellt aber höchste Ansprüche an den, der ihn geht. NUR EIN SCHÖPFER
KANN SCHÖPFEN! Wer als Opfer lebt und meint, er sei
dem Leben ausgeliefert, wird auch entsprechende Erfahrungen machen.

Voraussetzung für das bewusste Mitgestalten ist, zuvor
in die SELBST-Identifikation zu kommen und damit in die
Vollmacht zu gehen. Der »verlorene Sohn« muss nach
Hause zurückkehren und sich als SELBST erkennen, BE-
VOR er sein Leben ganz bewusst lenken kann. Ist das erst
einmal geschehen, ist alles ganz einfach.

Es ist unser natürlicher Weg, als Schöpfer zu leben.

»Schöpferische Imagination« ist das, was Sie brauchen, um das zu erhalten, was immer Sie wollen.

Das Geheimnis, wie man Zukunft erschafft, ist also gar kein Geheimnis. Wir alle sind Schöpfer, ob wir uns dessen bewusst sind oder nicht. Bewusst oder unbewusst erschaffen wir alle Lebensumstände, Ereignisse, Begegnungen, Beziehungen oder Dinge immer SELBST. Das können wir nur, weil uns überall eine Substanz zur Verfügung steht, die wir Energie nennen. Diese Energie ist bereit, in jeder gewünschten Form »in Erscheinung zu treten«. Das sagte schon Einstein: Materie kann in Energie und Energie in Materie umgewandelt werden, weil Materie nur eine besondere Erscheinungsform von Energie ist.

»Schöpferische Imagination« ist der Weg, Gedankenenergie in Materie und in Lebensumstände umzuwandeln, denn Gedanken sind »wirklichkeitsschaffende Energie«. Die Fülle wartet also nur darauf, für uns in Erscheinung treten zu dürfen, und »Schöpferische Imagination« ist der Weg, den erwünschten Endzustand in Erscheinung zu »rufen«. Dabei ist es ganz gleich, ob es sich um Gesundheit, beruflichen Erfolg, eine Partnerschaft oder die spirituelle Entwicklung handelt, alles gehorcht dem Gesetz von Ursache und Wirkung.

»**Schöpferische Imagination**« setzt die schöpferische Urkraft in Tätigkeit und bringt genau das hervor, was wir erleben wollen. Denn alles, was wir uns jemals wünschen können, ist bereits erschaffen. Es ist energetisch vorhanden, und wir brauchen es nur in Erscheinung zu bringen. Alle Dinge geschehen zuerst im Bewusstsein, ehe sie sich im Außen ereignen können, und »Schöpferische Imagination« ist die Transformation einer Vorstellung in die Wirklichkeit. Sie lässt die Zukunft zur Gegenwart werden und macht die Möglichkeit zur Gewissheit. Dabei handelt es sich nicht um etwas Neues, Fremdartiges oder Ungewöhnliches, denn wir wenden es bereits täglich an, wenn auch unbemerkt.

»**Schöpferische Imagination**« ist unsere natürliche Fähigkeit. Worauf es ankommt ist, sich wieder an sie zu erinnern und sie gezielt und bewusst einzusetzen, um unser Leben und unser Schicksal frei zu bestimmen.

> Erschaffen wir uns eine erfüllende Zukunft, denn wir werden den Rest unseres Lebens darin verbringen.

Alles beginnt damit, die volle Verantwortung für das, was JETZT ist, zu übernehmen. Lehnen wir die Verantwortung ab, berauben wir uns der »Macht der Veränderung«. Solange wir glauben, dass unsere Eltern, die Lehrer, der Chef, der Staat, der Zufall, das Leben oder die Umstände schuld an unserer Lebenssituation sind, wird unser Leben so bleiben, wie es ist, oder noch mühsamer werden. Erst durch die vollständige Übernahme der Verantwortung entziehen wir den Umständen die Macht, so zu sein, wie sie sind. Wir geben Ihnen ein ganz neues Aussehen, indem wir unser SOSEIN verändern und endlich wieder als BEWUSSTSEIN in Erscheinung treten. Dadurch werden wir genau das erreichen, was auch immer wir erreichen wollen. Also beschließen wir doch heute und jetzt, was wir wirklich wollen und vor allem, WAS wir SEIN wollen.

»Schöpferische Imagination« ist nichts anderes als »Geistiger Ackerbau«. Ihr Acker ist die Zukunft. Sie gehört Ihnen, und niemand kann sie Ihnen streitig machen. Sie können Ihre Zukunft nach Ihren Wünschen gestalten. Was auch immer Sie tun, Sie werden immer das Ernten, was Sie zuvor gesät haben. Nicht mehr, nicht weniger und nichts anderes.

»Schöpferische Imagination« ist die bewusste Gestaltung unserer Zukunft und wird Ihnen geistigen Wohlstand und ein erfülltes Leben einbringen. Ihre Zukunft gehört Ihnen, machen Sie weisen Gebrauch davon. Wir alle setzen in JEDER Minute unseres Lebens Ursachen, die sich als Glück oder Leid, als Krankheit oder Wohlbefinden, mit einem Wort: als unser Schicksal, manifestieren. Schicksal ist MACH-sal. Es ist das, was von Ihnen verursacht, also ge-MACHT worden ist.

> Machen Sie sich bewusst, dass Sie die Zukunft frei bestimmen können und nutzen Sie das Träumen als Mittel zur Manifestation und Wunscherfüllung.

DAS GEHEIMNIS DES TRÄUMENS

»Alle Träume können wahr werden,
wenn wir den Mut haben, ihnen zu folgen.«
Walt Disney

»Den Seinen gibt's der Herr im Schlaf«, heißt es in der Bibel, und gemeint ist die Anbindung zum inneren REICHTUM, den Eintritt in die Harmonie und Entspannung, die der TRAUM bringt. Die meisten Menschen träumen ein Leben lang VERGEBLICH von Reichtum und Erfüllung, von Gesundheit und Liebe, weil sie das Geheimnis des Träumens nicht kennen. Sie kennen keinen Unterschied zwischen WEG-TRÄUMEN und HER-TRÄUMEN und haben sich darüber vielleicht auch noch nie Gedanken gemacht.

Immer dann, wenn ich »aus dem Mangel heraus« von der Fülle träume, träume ich weg. Ich habe noch gar nicht angefangen, und schon habe ich alles falsch gemacht. Wer sich etwas wünscht, weil es ihm fehlt oder weil er es nicht hat, der ist Zeuge eines Mangelbewusstseins. Das WOLLEN trennt ihn zielsicher vom Gewollten. HER-träumen heißt, in der Fülle von der Fülle zu träumen, also es vom Ziel aus zu erleben.

Das ist eine Frage der Identifikation. Bin ich ein »Ich« und lebe ich somit als eine Person, ein Mensch oder eine Persönlichkeit, dann muss ich mir alles erarbeiten. Ich STELLE mich dem harten Wettbewerb, verdiene mir mein Geld und versuche, den Erfolg zu erringen. Wenn ich Glück habe, trage ich den Sieg davon. Selbst damit schleppe und mühe ich mich noch ab. Als das SELBST, als ich selbst, ist Fülle ein unverlierbarer Teil meines Wahren Wesens, mein Geistiges Erbe, das ich jederzeit antreten kann. Je-derzeit bedeutet nicht irgendwann, sondern JETZT. Als SELBST lasse ich Fülle »geschehen«. Ich gestatte dem Leben, mir alles zu geben, was ich gerade zur Erfüllung brauche, und das geschieht auch im Schlaf.

Wissen Sie, dass man nur in der deutschen Sprache sein Geld »verdienen« kann? Der Engländer »erntet«, der Ame-rikaner »macht«, der Franzose »gewinnt« und der Ungar »sucht« es. Sie sehen also, es gibt viele verschiedene Arten, zu Geld, zu Erfolg und zur Erfüllung zu kommen. Bevor Sie damit anfangen, sollten Sie allerdings eine Entscheidung treffen. Wollen Sie weiterhin um Ihren Erfolg kämpfen, um den Sieg ringen, an sich arbeiten und Ihr Geld verdienen, oder erlauben Sie sich, dass es Ihnen zufällt? Dazu gibt es nur eine kleine Bedingung, die da lautet: »Den SEINEN gibt's der Herr im Schlaf« – und die anderen gehen leer aus. Es geschieht also nur dann, wenn Sie dazu gehören, wenn Sie sich als ungetrennten Teil der Einen Kraft wiedererkennen, die man auch Gott nennen kann.

Dieses Göttliche Sein ist Ihre Wahre Natur, die Sie zwar nicht verlieren, aber vergessen, verleugnen oder ignorieren können. Erst durch bewusste Selbst-Identifikation kehren Sie wie der verlorene Sohn nach Hause, in die EINE Wirklichkeit zurück. Erst wenn Sie die »Illusion des Ich« durchschaut und aufgelöst haben, können Sie Ihr Geistiges Erbe antreten.

Also überprüfen Sie einmal, als was Sie leben. Als wer sind Sie hier? WER sitzt da auf Ihrem Stuhl? Damit ist alles entschieden. Bleiben Sie ein »Ich«, eine Persönlichkeit und ein Mensch, dann bleibt Ihnen keine Wahl. Sie werden weiterhin arbeiten »müssen«, wenn Sie etwas haben wollen. Haben Sie sich aber erkannt, ist der Schöpfer erwacht und Sie sind zu Bewusstsein gekommen. Nun steht Ihnen alles zur Verfügung.

»Dies, mein geliebter Sohn, ist der Schritt, auf den ich solange gewartet habe«. Lukas 11/22

AUCH TRÄUMEN KANN
MAN LERNEN

»Ihr aber seht und sagt: Warum?
Aber ich träume und sage: Warum nicht?«

George Bernard Shaw

JEDER hat seinen »Lebens-Traum«. Der Lebenstraum ist etwas, was tief in mir nach außen drängt und um Verwirklichung fleht. Wirklich glücklich werden kann ich nur, wenn ich meinen Lebenstraum verwirkliche und diesem Drang die Möglichkeit und den Raum für Entfaltung gebe. Voraussetzung dafür ist, dass ich überhaupt einen »Traum« verspüre und dass ich ihn bereits kenne. Und natürlich braucht es auch eine Portion Mut, dass ich mich traue, meinen Traum zu verwirklichen. Ein Wahrer Wunsch ist nicht ein Wunsch, der das Ego befriedigt. Ein Wahrer Wunsch dient immer der Selbstverwirklichung.

Die Umwelt tut alles, um uns unsere Träume zu nehmen. Schule, Elternhaus, Freunde, das Fernsehen, Beruf, Kollegen und Lebensumstände versuchen stets, uns den Traum

madig zu machen, ihn uns auszureden oder uns zu über-
zeugen, was wohl das »Richtige« oder Beste für uns sein
würde. Schon der Lehrer in der Schule sagt oft: »Du träumst
schon wieder!« Und wir bekommen den Eindruck, dass es
falsch sei, Träume zu haben. Noch schlimmer macht es das
Fernsehen, denn es gibt uns unrealistische Träume, wie
zum Beispiel die Sendung *Deutschland sucht den Superstar.*
Beim Casting scheitern die Bewerber dann kläglich, weil
sie den »falschen«, nämlich nicht ihren optimalen Traum
verwirklichen wollen.

Dabei vergisst man schon mal den eigenen Traum. Wir
treffen auf so viele »Traumvernichtungsmaschinen«,
und so wird es uns auch nicht leicht gemacht, bei unseren tiefen »Verwirklichungsideen« zu bleiben und sie
voranzutreiben.

»Was ich in meinem Leben einmal erreichen will«. Dieses
Aufsatzthema wurde den Schülern einer Klasse vorgegeben,
und ein Schüler beschrieb seinen Lebenstraum wie folgt.
Er wollte eine große Pferdefarm haben. Mindestens hundert
Hektar groß sollte sie sein, mit vielen Stallungen und Häu-
sern für die Bediensteten. Mittendrin sollte ein Palast stehen, in dem er wohnen wollte.

Er bekam eine glatte FÜNF, und der Lehrer sagte zu ihm:
»Das ist kein Lebenstraum! Das ist reine Fantasie! Aber

ich will dir eine Chance geben. Gehe nach Hause und schreib den Aufsatz noch einmal, mit einem realistischen Inhalt, und dann kann ich dir vielleicht doch noch eine bessere Note geben.«

Der Junge überlegte einen Augenblick und sagte dann zu dem Lehrer: »Behalten Sie Ihre FÜNF und ich meinen Lebenstraum.«

Viele Jahre später hatte er seinen Traum genau so verwirklicht und lud seinen alten Lehrer zu sich auf die Farm ein. Da erst erkannte der alte Lehrer, dass der ehemalige Schüler seine begrenzte Sichtweise nicht übernommen hatte.

Das Wünschen und Wollen trennt mich zuverlässig vom Gewollten.

Die meisten Menschen träumen ein Leben lang vergeblich von Reichtum und Erfüllung, weil sie das Geheimnis des Träumens nicht kennen. Und wenn Sie es kennen, haben Sie vielleicht erkannt, dass wahrer Reichtum niemals im Außen zu finden ist, sondern seit jeher in ihnen steckt.

Immer wenn ich aus dem Bewusstsein des Mangels von der Fülle träume oder sie mir vorstelle, träume ich mich »von ihr weg«. Man könnte sagen, ich habe noch gar nicht angefangen, und schon habe ich alles falsch gemacht.

Lassen Sie sich Ihren Traum nicht nehmen!

VOM TRAUM ZUM MANIFESTIEREN

> *»Willst du deinen Traum*
> *verwirklichen, dann erwache.«*
> *Rudyard Kipling*

Ein weiterer Schlüssel, um die natürliche Fülle des Universums zu »aktivieren«, ist die »Wunschverwirklichungs-Technik«. Dazu müssen Sie sich das Manifestieren zu eigen machen. Manifestieren ist die Änderung, Gestaltung und Bestimmung der Realität und Zukunft auf geistigem Wege und besteht aus folgenden Schritten.

Der erste Schritt: »Zu Bewusstsein« kommen. Die bewusste »Wiedervereinigung mit sich SELBST« führt von der illusionären Identifikation mit dem Körper zur wahren Identität. Wenn Sie durchschaut haben, was Ihre Wirklichkeit ist, dann treten Sie in die natürliche Vollmacht des »Schöpfers« ein.

Der nächste Schritt: Loslassen! Bevor Sie etwas Neues erschaffen können, MÜSSEN Sie alles loslassen, was nicht mehr zu Ihnen gehört, und Raum für Ihr neues Leben schaffen.

Der nächste Schritt: Das bewusste Abziehen Ihrer Aufmerksamkeit von scheinbaren Problemen und Schwierigkeiten und VON ALLEM, was nicht mehr erwünscht ist. Ihre Aufmerksamkeit gilt AUSSCHLIESSLICH Möglichkeiten und Lösungen. Halten Sie Ihr ganzes Bewusstsein darauf gerichtet, OHNE unnötig abzuschweifen.

Der nächste Schritt: NUR noch richtige Entscheidungen »treffen«.

Der nächste Schritt: Zielklarheit schaffen! Bevor Sie aus dem Vollem schöpfen können, müssen Sie genau wissen, WAS Sie wollen. Sie müssen sich ganz KLAR entscheiden, ob Sie Ihr »Ich« glücklich machen wollen oder sich SELBST. Beenden Sie die »Dissonanz der Eigenwilligkeit«. Aus-dem-Vollen-Schöpfen heißt, aus sich SELBST heraus geschehen zu lassen und nicht als persönliches ICH zu bestimmen. Das persönliche ICH steht nicht für die Fülle, also kann daraus auch nichts erschaffen werden.

Der nächste Schritt: Von der bloßen Vorstellung zur »Schöpferischen Imagination« kommen. Das heißt, sich etwas so lebendig wie möglich vorzustellen – ES ALS BEREITS ERFÜLLT ERLEBEN – dass es sich als Realität, als Ereignis, als Situation oder Begegnung manifestiert. Durch »Schöpferische Imagination« wird ein Wunsch zur Absicht. Eine Absicht schließt die Möglichkeit der Nichterfüllung aus und erzeugt die Energie der »Gewissheit der Erfüllung«. Das Imaginieren »vom Ergebnis aus« ist der Anfang aller Wunder.

Der nächste Schritt: Dem Leben die richtigen »Anweisungen« geben. Gedanken, Gefühle, Überzeugungen und Handlungen SIND Anweisungen.

Der nächste Schritt: Die ständige Optimierung der eigenen »energetischen Signatur«. Ob wir wollen oder nicht, wir senden STÄNDIG unsere »energetische Signatur« aus und ziehen damit ganz bestimmte, ihr entsprechende Ereignisse und Umstände in unser Leben. Ebenso verhindern wir damit zuverlässig nicht entsprechende Ereignisse, auch wenn wir sie uns noch so sehr wünschen oder ganz gut brauchen könnten.

Der nächste Schritt: Glauben ist Schöpfung! Einem JEDEN geschieht nach seinem Glauben. Das, was wir glauben, bestimmt das, was wir erleben. Ob Sie glauben, etwas zu erreichen, oder auch nicht, Sie werden ganz bestimmt in BEIDEN Fällen Recht behalten.

Der nächste Schritt: Die »Kunst der Revision«. Erlebte Ereignisse müssen energetisch in der Imagination, mit der entsprechenden Wirkung auf die Zukunft, umgewandelt werden. Wandeln Sie auch zukünftige Ereignisse um, BEVOR sie geschehen sind – zum Beispiel eine Prüfung zu bestehen oder eine Verhandlung erfolgreich abzuschließen.

Der nächste Schritt: Das Erwünschte geistig »in Besitz nehmen«. Erleben Sie sich solange in der Erfüllung, bis Sie ein starkes Gefühl der Freude und Dankbarkeit empfinden. Diese Empfindung steht dafür, dass es GEISTIG bereits geschehen IST. Nun geben Sie dem Ganzen Raum, um sich entwickeln zu können. Ihre tiefen Gefühle sind die »Auftragsbestätigung des Lebens«, das der Auftrag angenommen wurde, bereits in Arbeit ist und in Kürze geliefert wird. Unter dem Motto »Erst gewinnen, DANN beginnen!« kann jetzt alles geschehen. Tun Sie im Außen »trotzdem« alles NOT-wendige, denn wenn Sie gewinnen wollen, müssen Sie sich ein LOS kaufen, das heißt, dass Sie auch hier etwas TUN müssen. Ohne LOS nix los!

Der letzte Schritt: Segnen Sie ALLES und leben Sie segensreich. Segnen Sie TÄGLICH alles das, was Ihr Leben ausmacht, Ihr Essen und Trinken, das Ergebnis Ihrer Handlungen, die Handlung selbst, Ihre Beziehung und alles andere. Werden Sie JEDEM zum Segen, der das Glück hat, Ihnen zu begegnen.

Wenn Sie all diese Punkte beherzigen, können Sie JEDEN beliebigen und erwünschten Zustand in Ihrem Leben manifestieren. Sie können Ihre Gesundheit wiederherstellen oder Ihr Leben um viele lebenswerte Jahre verlängern und bis ins hohe Alter gesund, vital und jung bleiben. Sie können sich eine erfüllende Beziehung erschaffen, indem Sie selbst ein idealer Partner sind, und Sie können Ihrer Zukunft jede gewünschte Form geben.

Es ist die »Rückkehr in das verlorene Paradies«, die sich aus folgenden Schritten zusammensetzt: zu Bewusstsein kommen und nur noch richtige Entscheidungen »treffen«, loslassen, die »Kunst der Revision« nutzen, glauben, die Aufmerksamkeit »richten und gerichtet halten«, die »energetische Signatur« optimieren und SYMPATHISCH-SEIN, das Leben segnen und den Segen in ALLEM erkennen sowie die »Kunst der Mühelosigkeit« für sich zu entdecken. Dies ist der Schritt in die Realität, die allem innewohnt.

BEWUSSTSEIN
UND REALITÄT

»Nur belehrt von der Wirklichkeit
können wir die Wirklichkeit ändern.«
Bertolt Brecht

Bewusstheit ist formlos, grenzenlos und ewig. Es ist vollkommenes Potenzial, der Ursprung für alles, was ist. Tritt Bewusstheit in Raum und Zeit ein, wird es Bewusstsein. Leben ist Bewusstsein. Das Bewusstsein besitzt die Fähigkeit zu erschaffen, etwas »in Erscheinung« zu rufen, wie beispielsweise Dinge, Situationen, Ereignisse, Begegnungen und Zufälle. Bewusstsein besitzt die Fähigkeit, alle Schöpfungen wieder aufzulösen, zu »ent-schöpfen«. Schöpfen ist der Schritt vom Bewusstsein zur Existenz, und »ent-schöpfen« oder löschen ist der Schritt von der Existenz zum Bewusstsein.

Der Weg des Bewusstseins ist, sich als sich selbst zu erfahren. Dazu gehört auch, sich als das zu erleben, was ist – frei von Bewertung und Urteil. Durch Bewertung entsteht Verhaftung mit der Schöpfung. Alle Lebensumstände entstehen aus dem schöpferischen Potenzial des Bewusstseins, und indem das Bewusstsein eine Absicht hat, entsteht Realität. Durch wertfreies Erleben wird diese Realität wieder aufgelöst oder »ent-schöpft«.

Bewusstsein, das seine Selbst-Identifikation vergisst und sich mit seiner Schöpfung identifiziert, beispielsweise mit seinem Körper, verliert die Fähigkeit, zu schöpfen und zu »ent-schöpfen«. Solange eine Schöpfung nicht »in Erscheinung getreten« ist, kann sie einfach »gelöscht« werden. Sobald Sie sich manifestiert hat, wird sie durch wertfreies Erleben »gelöscht«. Das ganze Universum ist als eine Schöpfung des einen Bewusstseins entstanden. Das ganze Universum ist mit einer Energie erfüllt, die bereit ist, in jeder Form in Erscheinung zu treten, die ihr ein Schöpfer gibt.

Auch die Überzeugung des Bewusstseins, sein Glaube, ist eine Schöpfung und damit eine Ursache. Einem jeden geschieht nach seinem Glauben. Jeder erfährt als Tatsache, wovon er tief innen überzeugt ist. Das heißt, die Realität folgt der Überzeugung. Wenn ich glaube, dass das nicht so ist, ist es nicht so, was beweist, dass es doch so ist.

Vergangenheit und Zukunft sind nur Vorstellungen. Tatsächlich gibt es nur das JETZT, das zeitlose Gegenwart ist. Vergangenheit und Zukunft entstehen, indem ich glaube, dass es sie gibt. Die Realität folgt auch hier der Vorstellung. Wahrheit ist daher immer relativ. Ich mache immer das zu meiner Realität, was ich glaube, erschaffe es von dem Standpunkt aus, den ich einnehme und der dem Grad meines Bewusstseins entspricht, das heißt, womit ich mich identifiziere. JEDER hat von seinem Standpunkt aus Recht. Wenn ich glaube, dass es eine innere und eine äußere Realität gibt, dann gibt es sie deshalb auch. Ob ich nun glaube, etwas zu schaffen, oder nicht, ich behalte in beiden Fällen Recht.

Durch Überzeugung und Glaube entsteht Realität. Ihre Realität. Sie allein sind der Ursprung und Schöpfer dieser Realität. Der Ursprung des Ursprungs ist das Eine Bewusstsein, das als universeller Schöpfer in Erscheinung tritt.

Wir sind unglaublich machtvolle Schöpfer. Wir sind sogar so machtvoll, dass wir uns durch eine einfache Überzeugung wie beispielsweise »Da bin ich machtlos« tatsächlich machtlos machen können. In Wirklichkeit aber sind wir das ATMAN-Bewusstsein, und wir haben in JEDEM Augenblick die Macht, diese Überzeugung wieder zu ändern. Tun wir das, dann begeben wir uns wieder »in die Vollmacht«.

> Die individuelle Schöpfung beginnt mit der Wahl einer Überzeugung und endet mit dem wertfreien Erleben der eigenen Schöpfung.

Weigert sich ein Schöpfer, seine Schöpfung zu erleben, bleibt sie solange existent, bis er sie erfahren hat. Ein Grund für die Weigerung, seine eigene Schöpfung zu erleben, könnte darauf zurückzuführen sein, dass ein Schöpfer seinen Standpunkt gewechselt hat und vielleicht gar nicht mehr erkennen kann, dass er selbst der Schöpfer dieser Schöpfung ist. Er glaubt, das Leben oder ein anderer sei schuld, und macht vielleicht irgendjemanden dafür verantwortlich, ohne zu erkennen, dass er dieses Ereignis SELBST ins Leben gezogen hat.

Irgendwann aber erfährt JEDER, dass seine Überzeugungen unmittelbare Konsequenzen für sein Leben haben. Um etwas real werden zu lassen, muss ich daran glauben. Damit es für andere real wird, müssen SIE daran glauben. Wir erschaffen Möglichkeiten, indem wir davon »überzeugt« sind. Sobald wir entdeckt haben, dass wir für unsere Schöpfungen selbst verantwortlich sind, entsteht heitere Gelassenheit und eine unerschütterliche Souveränität.

Widerstand gegen die Übernahme der vollen Verantwortung für seine Schöpfung erzeugt Leid. Die »Schule des Lebens« ist der Weg, den das Bewusstsein wählt, um sich an sich selbst zu erinnern. Sie sind nicht Ihre Vorstellung von sich, es sei denn, Sie glauben das.

In Wirklichkeit sind Sie nicht das, was Sie denken, wahrnehmen oder glauben zu sein. Vielmehr sind Sie das, was wahrnimmt und denkt.

Alle Schöpfung geschieht innerhalb der Bewusstheit. Indem Bewusstheit beschließt, die eigene Schöpfung zu erleben, wird sie zu einem begrenzten Bewusstsein. Wenn dieses Bewusstsein sich mit seiner Schöpfung identifiziert, reagiert es nicht mehr auf seine Schöpfung, sondern ALS seine Schöpfung. Es vergisst sich als Ursprung und wird zu seiner eigenen Schöpfung. Sobald Bewusstsein sich selbst wieder als Ursprung erkennt oder sich als Ursprung erschafft, kann es die selbst geschaffene Realität jederzeit wieder verändern.

Realität entsteht, indem ich sie absichtlich oder unabsichtlich erschaffe, und sie besteht solange, bis ich sie als BEWUSSTSEIN erfahre. Solange ich sie noch als »Ich« erlebe, werde ich in dieser Begrenzung verhaftet sein. Wenn ich mich bewusst oder unbewusst weigere, mich als AT-MAN-Bewusstsein zu erleben, erschaffe ich sie damit immer wieder neue Begrenzungen. Jede Schöpfung bleibt solange existent, bis ihr Schöpfer sie »ER-löst«, indem er sich als Schöpfer erkennt und erlebt.

Manchmal entsteht eine beabsichtigte Realität nicht als Umstand, sondern als Idee, Chance, Gelegenheit, Möglichkeit oder als Weg. Folge ich dem nicht, folgt nichts mehr. Steht eine Schöpfung in keinem Widerspruch zu einer früheren Schöpfung, manifestiert sie sich mühelos und unmittelbar.

Stellen Sie sich folgende Frage:

Was sind meine heiklen (ungelösten) Lebensthemen?
Wodurch wird meine Realität bestimmt?

Antwort:

Meine Realität ist ein Abbild der Summe meiner Überzeugungen. Gemeinsame Realität ist die Summe der gemeinsamen Überzeugungen. Realität entsteht durch meine Überzeugungen, Kernglaubenssätze, eigenen Einsichten, übernommenem Ansichten, Erkenntnisse, meinen Willen, dem Denken, Handeln, Reden und Sein. Nur Letzteres erschafft ein einwandfreies Leben, nur das SELBST ist die Ursache für eine optimale Wirkung.

SO ERSCHAFFEN
SIE REALITÄT

»Hoffnung ist eben nicht Optimismus, ist nicht
Überzeugung, dass etwas gut ausgeht,
sondern die Gewissheit, dass etwas Sinn hat –
ohne Rücksicht darauf, wie es ausgeht.«

Vaclav Havel

Überzeugungen erschaffen nicht nur Realität, sie »ent-schaffen« sie auch. Realität ist das Ergebnis unserer Überzeugungen. Aus dem Gewahrsein führen Überzeugungen zu müheloser und unmittelbarer Realisation.

Viele Individuen bilden ein kollektives Bewusstsein, und die Realität dieser Welt ist die Summe der kollektiven Überzeugungen.

Die eigene Überzeugung filtert allerdings auch die eigene Wahrnehmung. Worauf es ankommt ist, sich an die Bewusstseinsebene zu erinnern, auf der Sie der bewusste Schöpfer der Realität sind, die Sie gerade durch die bewusste Wahl Ihrer Überzeugungen erleben. Wovon ich überzeugt bin, ERSCHAFFT das, wovon ich überzeugt bin – und verstärkt meine Überzeugung durch meine Erfahrung.

Je mehr Überzeugungen ich mir zulege, desto unflexibler werde ich, desto mehr ist meine Scheinidentität durch eben diese Überzeugungen festgelegt. Je weniger Überzeugungen ich habe, desto freier bin ich in der Gestaltung meiner Zukunft.

Mein jetziger Standpunkt erschafft meine Realität von morgen und verstärkt meinen derzeitigen Standpunkt. Realität breitet sich also von einem Standpunkt aus, und ein Standpunkt erschafft die entsprechende Realität. Ich erlebe dann objektiv, was ich subjektiv erwarte.

Gehe ich von der Realität aus, bleibe ich damit innerhalb der Grenzen dieser Realität und verstärke sie damit. Erst wenn ich die Grenzen des Bestehenden überschreite, ist Neues möglich, Wachstum und somit »Fort-Schritt«.

> Realität ist ein Kreis, der mit einer bewusst oder unbewusst gewählten Überzeugung beginnt und mit deren Erfahrung endet.

Ich erlebe so meine als Realität sichtbar gewordene Überzeugung. Jede Schöpfung kehrt solange zu ihrem Schöpfer zurück, bis er bereit ist, sie durch Erleben aufzulösen. Viel nicht Angenommenes sammelt sich dadurch zu einem Berg von Unannehmbarem an.

Erst wenn ich eine Schöpfung erkenne, annehme und erlebe, erlaube ich ihr, sich aufzulösen. So kann der eigene Körper oft durch schädliche Überzeugungen nicht mehr harmonisch funktionieren. Es geht also darum, Hindernisse und Blockaden zu erkennen und zu beseitigen, mit denen Sie sich die Fähigkeit, Realität zu erschaffen, verbaut haben. Dazu gehört vor allem, die »chronische Opferhaltung« loszulassen.

Der Verstand lebt in einer Realität innerhalb der Realität. Diese selbst geschaffene Realität begrenzt meine Möglichkeiten. Damit bleibe ich ständig in der Vergangenheit und erlebe nicht die »Möglichkeiten des JETZT«. Erst jenseits der Überzeugungen und Erfahrungen ist Gewahrsein zu finden. Durch Gewahrsein kann ich durch Überzeugungen hindurchgehen, um aus dem »Gefängnis meiner Überzeugungen« auszutreten.

Erst dann eröffnen sich mir die natürlichen »grenzenlosen Möglichkeiten«.

> »Gewahrsein« zu leben bedeutet, anwesend zu sein, ohne etwas zu erschaffen. Es heißt, als SELBST in Erscheinung zu treten, wobei das Ich-Bewusstsein abwesend ist.

Jeder Gedanke und jedes Gefühl verändert das kollektive Bewusstsein und damit das Ganze. Im Leben gibt es niemals eine Prüfung. Nur in der Dualität gibt es scheinbar Prüfungen. Die Essenz, Gott, das Bewusstsein kennt keine Prüfungen.

Dies zu erkennen und zu leben IST die eigentliche Prüfung. Das Bestehen der Prüfung besteht also darin, sich SELBST ALS ESSENZ zu erkennen und zu entdecken, dass die Prüfung nur ein Teil der Illusion ist. Erst durch die Überzeugung, dass die Erde eine Schule des Lebens ist, entsteht die Not-wendigkeit einer Prüfung als Abschluss zu einem selbst erschaffenen Lernprozess.

Worin sollte die Essenz sich auch prüfen? In dem Maße, wie wir unbewusst mit unseren Überzeugungen umgehen, entzieht sich die Realität unserer Kontrolle. Wir erleben und erfahren genau das, was wir glauben.

Wenn wir NICHT glauben, dass wir erfahren, was wir glauben, dann erfahren wir es nicht, weil wir glauben, dass wir es NICHT erfahren.

Wenn wir nicht bewusst Urheber, also Schöpfer unserer Überzeugungen sind, dann übernimmt die Vergangenheit – die bisherigen Überzeugungen – die Gestaltung unserer Zukunft. Wann immer ich nicht bewusst bin, verursacht das Vergangene meine Zukunft. Trage ich dafür die Verantwortung? Verantwortung bedeutet Ursprung, bedeutet die Essenz zu sein. Damit bin ich bewusster Schöpfer meiner Überzeugungen und Gestalter des Augenblicks und der Zukunft.

Jede Beschuldigung bedeutet, in der Illusion die Ursache für die Wirklichkeit zu suchen. Die meisten Menschen suchen in der Vergangenheit die Antwort für das JETZT und geben damit der Vergangenheit die Verantwortung für die Zukunft. Der Glaube ist die Variable, die eine Veränderung der Realität erst ermöglicht. Die Frage ist daher nicht: »Was glaube ich«, sondern: »Was WILL ich glauben«, um es dadurch zu erschaffen.

Ich habe die freie Wahl, was ich durch meinen Glauben zur Realität mache. Eine wichtige Frage ist: »Durch welche Überzeugung habe ich mir DIESE Situation geschaffen?« Welche Überzeugung braucht es, um das zu schaffen, was ich gerne haben oder erleben WILL? Als WAS man handelt, bestimmt das, was möglich ist. Handle ich aus meinem persönlichen Ich heraus oder als SELBST?

Die Unterschiede zwischen den Menschen bestehen im Wesentlichen in ihren verschiedenen Überzeugungen, die zu unterschiedlichen Realitäten führen. Sobald wir erkennen, dass Überzeugungen variabel sind, verschwinden die Unterschiede, und wir kommen zur »Ein-Sicht«. Eine Überzeugung ist das, was ich glaube. Dieses Glauben erfahre ich als Realität. Glaube ich das nicht, erfahre ich, dass es

NICHT so ist, weil ich es glaube, und damit erfahre ich doch wieder genau das, was ich glaube.

Ich sollte gefunden haben, BEVOR ich anfange zu suchen, und ich sollte gewonnen HABEN, bevor ich siegen kann. Wenn ich etwas sehe, ist es nicht da, sonst könnte ich es ja nicht sehen. Ich kann nicht werden, ohne es zuvor zu sein. Ich kann nichts bekommen, ohne es zuvor zu haben. Also mache ich mich auf den Weg, den es nicht gibt, und erreiche sicher das Ziel, das ich nie verlassen habe.

Indem ich eine »Möglichkeit der Zukunft« durch Identifikation in Besitz nehme, wird daraus eine Realität der Gegenwart. Das Erschaffen und »Ent-schaffen« von Realität besteht aus den immer gleichen vier Schritten:

1. **Denken**
2. **Vorstellen**
3. **Glauben**
4. **Erleben** – *und damit löschen!*

Acht Schritte, um Ihre Zukunft zu erschaffen

>*»Die Zeit kommt aus der Zukunft, die nicht existiert,*
>*in die Gegenwart, die keine Dauer hat,*
>*und geht in die Vergangenheit,*
>*die aufgehört hat zu bestehen.«*
>
>Aurelius Augustinus

1. **Zielklarheit**

   Ich definiere den erwünschten Endzustand klar und deutlich, indem ich ihn mir bildlich vorstelle (Imaginieren).

2. **Bild, Wort und Gefühl bündeln**

   Ich richte mich allumfassend, in Gedanken, Gefühl und innerem bildlichen Vorerleben, auf das Ziel aus und halte meine Ausrichtung darauf gerichtet.

3. **Allumfassende Authentizität**

   Ich erfülle dieses Erleben mit Freude und Dankbarkeit, indem ich es mit der Erfüllung erlebe. Ich erlebe das, was noch nicht ist, auf eine Weise, als wäre es bereits. Dadurch, dass es im Inneren BEREITS ist, wird es sich auch im Außen so zeigen.

4. **Selbst-Identifikation**

   Ich tue den Schritt vom Opfer zum bewussten Schöpfer durch Selbst-Identifikation. Das bedeutet, in die Vollmacht zu gehen und somit ganz ich SELBST zu sein.

5. **Sich wert fühlen**

   Ich bin bereit zu empfangen. Es entspricht mir, und ich glaube, dass ich JETZT erhalte. Erfüllung ist mein Geburtsrecht, und alles, was geschieht, entspricht immer nur meinem Sosein.

6. **Identifikation mit dem Ziel**

   Ich nehme das Ziel, den erwünschten Endzustand, durch Identifikation in Besitz und bin so mit dem Ziel verbunden. Nun denke, fühle, rede und handle ich »vom Ziel aus«, das heißt, ich erlebe den Wunsch bereits. Ich denke nicht zum Wunsch hin, sondern vom Wunschziel aus, weil ich mich voll und ganz damit identifiziere.

7. **Die Energie des erwünschten Ziels SEIN**

Ich erschaffe und halte das Ziel, indem ich das emotionale Erleben des Erwünschten als bereits eingetroffen und erfüllt erlebe. Ich spüre, dass es bereits geschehen ist. Energetisch ist es vollbracht. Jedes Mal, wenn mir das Ziel wieder in den Sinn kommt und ich daran denke, bin ich wieder ganz mit dem Erfülltsein erfüllt.

»Bittet, um was ihr wollt, glaubt nur, dass ihr es erhalten habt, und es muss euch werden.«

8. **Loslassen**

Wie der Bauer das Saatgut loslassen muss, damit die Ernte fruchtbar wird, so müssen wir auch das Ziel loslassen, damit es sich entfalten kann. Ich bleibe in der »Gewissheit der Erfüllung« und im Glauben daran, dann wird es sich manifestieren. Auch beim Bogenschießen kann der Pfeil erst sein Ziel erreichen, wenn wir ihn losgelassen haben. Und wenn wir noch so gut zielen, wenn wir nicht loslassen, geschieht nichts. Erst wenn wir losgelassen haben, kann das Ziel erreicht werden.

WIE SIE UNERWÜNSCHTES AUS IHREM LEBEN »ENTFERNEN«

> *»Das Leid brachte die stärksten Seelen hervor.*
> *Die allerstärksten Charaktere sind*
> *mit Narben übersät.«*
> *Khalil Gibran*

Bevor eine neue Schöpfung manifestiert wird, sollte die bisherige Schöpfung gelöscht, aufgelöst, »entschöpft«, beendet, aufgehoben oder entlassen werden. Dies ist deshalb wichtig, damit zwei Schöpfungen nicht miteinander kollidieren. Löschen heißt, das Unerwünschte nicht mehr zu schöpfen, denn alles, was existiert, wird in der Gegenwart geschaffen.

Indem Sie eine Schöpfung nicht mehr fortsetzen, hört sie auf zu existieren. Das Licht brennt nur, solange noch Energie fließt. Wenn Sie den Energiefluss beenden, geht das Licht ganz von selbst aus. Indem Sie es nicht mehr schöpfen, hört es auf zu sein. Löschen bedeutet also auch, den Energiefluss zu beenden, der die Schöpfung in der Realität hält.

Die Bewusstheit taucht in die eigene Schöpfung ein, um sie zu erleben. Sie wird zu ihrer eigenen Schöpfung und reagiert nicht mehr AUF ihre Schöpfung, sondern ALS ihre Schöpfung. Sie vergisst ihre eigene Grenzenlosigkeit und erlebt sich in der Begrenzung der eigenen Schöpfung. Sie geht in die Dualität, die Erfahrung des Ich, Du und das.

Aber alle Schöpfung geschieht INNERHALB der Bewusstheit. Solange ich mich als »scheinbare« Schöpfung erfahre, kann ich diesen Zusammenhang nicht erkennen. Um meine eigene Schöpfung zu überblicken, muss ich sie überschreiten.

Das Bewusstsein, das ich bin, kann sich ausdehnen, bis es die Grenzen der eigenen Schöpfung erreicht und überschritten hat. Nun kann ich als Bewusstsein wieder erkennen, dass ich nicht die Schöpfung bin, und höre auf, mich damit zu identifizieren. Denn das, was ich beobachte, kann ich nicht sein. Ich bin der Beobachter.

Und so löschen Sie eine Ihrer Schöpfungen:

Als Beobachter erkenne ich, dass ich der Schöpfer der Schöpfung und nicht die Schöpfung bin und dass es in meiner Macht steht, sie wieder zu löschen. Das heißt, ich beende BEWUSST den erschaffenden Energiefluss, der meine Schöpfung in der Realität hält. Von innen erlebe ich, von außen lösche oder erschaffe ich eine neue Realität.

Indem ich meine eigene Schöpfung vollständig erlebe, löscht sie sich automatisch. Erleben heißt, ohne Bewertung durch das Erleben hindurchzugehen. Kommt dabei Angst auf, kann ich sie in Neugier umwandeln und erleben.

Sobald Sie etwas genug erlebt haben, vielleicht weil die Möglichkeiten, etwas Neues zu erfahren, erschöpft sind oder weil es beginnt, langweilig zu werden, gehen Sie aus der Identifikation in die Rolle des Beobachters. Sie treten aus dem Erleben heraus und schauen es von außen an und beenden damit das Erleben. Wenn Sie jetzt noch Ihre Aufmerksamkeit davon abziehen, es also nicht mehr beobachten, hört es auf zu existieren.

Sie erschaffen es nur ständig neu, solange Sie es erleben. Sie haben sich in einer eigenen Schöpfung verkörpert und beenden diese Verkörperung, indem Sie wieder in die Wirklichkeit der Identität des Schöpfers zurückkehren. Sie bestimmen, wann der Film aus ist. Auf diese Weise können Sie alles erleben, was Sie interessiert, und jedes Erleben wieder beenden, wenn es Sie nicht mehr interessiert.

Nun löschen Sie auch Ihre Identität, die den unerwünschten Film durch ihr Sosein geschaffen hat. Damit werden automatisch auch alle Schöpfungen dieser Identität beendet und somit endgültig gelöscht.

Treten Sie ein in Ihr eigentliches ATMAN-Wesen und erkennen Sie Ihren Körper als ein Zuhause für Ihr Bewusstsein: Der Mensch hat einen Körper, dieser ist er aber nicht. Er ist Bewusstsein, bewusstes SEIN, das einen Körper braucht, um Erfahrungen zu sammeln. Gehen Sie den Weg vom irdischen zum kosmischen Menschen voller Mut und Zuversicht, und das Leben wird sich erfüllen.

SCHRITTE VOM MENSCHSEIN ZUM ATMAN-BEWUSSTSEIN

»Der Mensch hat dreierlei Wege klug zu handeln:
erstens durch Nachdenken, das ist der edelste,
zweitens durch Nachahmen, das ist der leichteste,
und drittens durch Erfahrung, das ist der bitterste.«
Konfuzius

- Ich mache mir bewusst, dass ICH BIN. Ich war immer und werde immer sein, denn ICH BIN. Ich »er-innere« mich wieder daran. ICH BIN – ICH BIN – ICH BIN.

- Zuerst denke ich es nur, dann beginne ich es zu fühlen. Ich FÜHLE, dass ICH BIN, und fühle mich als das ICH BIN!

- ICH BIN wirklich zu FÜHLEN führt mich ins SEIN. ICH BIN. ICH BIN der »ICH BIN«.

- Aus diesem SEIN heraus lasse ich mein Tun stimmig »geschehen«. Da ist kein »Ich« mehr, das handelt, sondern mein Tun ist ein vollkommener Ausdruck meines Seins, meines individuellen Seins, meines So-SEINS.

- Da ist kein Handelnder und keine Handlung, nur ein Geschehen des Seins. Damit bin ich in jedem Augenblick in »EIN-Klang« mit mir SELBST. Das Leben, die ganze Schöpfung, das alles BIN ICH.

- Und damit bin ich auch in »EIN-Klang« mit JEDEM, den ich durch mein Tun berühre.

- Sein und Tun, Handlung und Handelnder sind eins, sind das EINE. Das ICH BIN, Bewusstsein, teilt sich so auch ständig dem Körper mit. Der Körper und die Lebensumstände spiegeln mir Wohlstand und Gesundheit wieder.

- Da sind kein Heiler und kein Heilungssuchender, und Heilung geschieht nicht, sondern ICH BIN natürliches Heil SEIN in sich.

- Ich bin das ATMAN-BEWUSSTSEIN, das in allem ist, und ich verinnerliche, dass es nie so etwas wie ein Getrennt- oder Anderssein gegeben hat.

- Ich als ICH BIN werde wach. Ich erlebe mich spürbar als Wachheit des Geistes, als Geistesgegenwart, als vollkommenes DA-SEIN. Ich erfahre mich als wirklich präsent, als hell, klar und als ALLES wahrnehmendes ALL-Bewusstsein.

- Das ATMAN-Bewusstsein entsteht und entfaltet sich durch bewusstes ICH-BIN-Sein. Es stabilisiert sich durch möglichst häufiges und letztlich ständiges ICH-BIN-Bewusstsein, so dass es auch vom bewegten Alltag nicht mehr verändert werden kann.

- Das Ziel besteht darin, als das, was ICH BIN, nämlich das ATMAN-Bewusstsein, unberührt durch, im und als Alltag ständig ICH SELBST zu sein.

- Das ICH BIN erinnert JEDEN, der in der Illusion des »Ich« lebt, an die Wirklichkeit des ICH BIN. Eine konstruktive Sehnsucht erwacht in allem und jedem, und so macht sich auch mein Gegenüber auf den Weg zu sich selbst. Bald schon erkennt er, dass er nie etwas anderes war als dieses eine ICH BIN. Sobald er sich so gefunden hat, erinnert er ebenfalls JEDEN anderen, der ihm begegnet, an sich selbst. Dies geschieht solange, bis jeder Aspekt des EINEN Bewusstseins wieder in die Wirklichkeit zurückgekehrt ist.

- Als ein persönliches »Ich« ist es sehr anstrengend, im Höchsten Bewusstsein zu bleiben. Man kann auch nicht lange »auf Zehenspitzen stehen«, und kaum hat man es geschafft, fällt man wieder zurück.

- Wenn ich mich aber an mein SELBST »er-innere« und entdecke, was ich wirklich bin, dann geschieht es wie von SELBST. Ohne Anstrengung und frei von Wünschen und Wollen stellt sich die Selbstidentifikation als ein natürlicher Aspekt meines SEINS ein. Bin ich erst bei mir SELBST angekommen, falle ich nicht wieder in meine alten Einbildungen zurück. Ich bin ICH SELBST und kann es auch im Alltag bleiben.

- Dann geschieht ein Entwicklungs-Sprung. Ich komme ganz von selbst vom Wissen zum Tun, und das geschieht allein durch mein Sein. Es ist ein natürlicher Prozess, der ohne jegliches ZUTUN geschieht.

- Also mache ich mir bewusst, was ich schon lange weiß. Ich weiß, dass es richtig ist, habe es aber bisher noch nicht geschafft. Ich integriere es JETZT in mein Sein, und es ist ein Teil von mir – ein Teil meines bewussten Seins.

- Dann kann ich gleich auch mein »inneres Wetter« bewusst bestimmen. Ganz gleich, was außen ist, ich kann innen im Lotossitz heiter ruhen oder mit meinem Herzen im Liegestuhl in der Sonne liegen.

- Ich gehe einmal in die Energie folgenden Satzes: »Ich ruhe in JEDER Situation als Fels in der Brandung.« Ich fühle die Vollkommenheit des Lebens. Alle Aspekte sind gut, wie sie sind.

- Ich höre endgültig damit auf, mein »Ich« loslassen zu wollen. Es gibt keinen besseren Vorsatz, als alle guten Vorsätze zu vergessen und EINFACH nur zu SEIN.

- Meine ganze Aufmerksamkeit gilt dem Jetzt, weil es nichts außer diesem Jetzt gibt.

DIE KUNST DER AUFMERKSAMKEIT

»Glück entsteht oft durch Aufmerksamkeit
in kleinen Dingen, Unglück oft durch
die Vernachlässigung kleiner Dinge.«
Wilhelm Busch

Aufmerksamkeit hat nichts mit angestrengtem Zuhören zu tun. Wahre Aufmerksamkeit bedeutet, sich in jedem Moment seiner Identität gewahr zu sein. Aufmerksamkeit ist die schöpferische Energie, die Realität erschafft und aufrechterhält.

Wo auch immer ich meine Aufmerksamkeit hinlenke, das wird für mich zu meiner Realität. Unsere Realität hat also etwas mit der Ausrichtung der Aufmerksamkeit zu tun und ist nichts Allgemeines. Jeder hat eine andere Realität, weil jeder eine andere Ausrichtung hat.

Auch wenn wir die Welt alle irrtümlich als real bezeichnen, sieht doch jeder die Dinge anders. Seine Aufmerksamkeit kann jeder durch den bewussten Willen lenken. Es ist die Aufgabe des bewussten Willens, Aufmerksamkeit zu lenken, auf etwas gerichtet zu halten und wieder davon abzuziehen. Wird die Aufmerksamkeit nicht durch den bewussten Willen gelenkt, reagiert sie auf Impulse aus der Umgebung oder handelt entsprechend früherer Verhaltensmuster oder Ereignisse.

Neues und Veränderung bindet die Aufmerksamkeit und zieht sie förmlich an, ansonsten folgt die Aufmerksamkeit immer der Richtung des Bewusstseins.

Praktische Übung

Auf Willen und Wollen folgt bewusstes Wählen, das zur Erfüllung führt:

Richten Sie Ihre Aufmerksamkeit auf den Raum, in dem Sie sich befinden, und machen Sie sich bewusst, wie unterschiedlich die Dinge Ihre Aufmerksamkeit auf sich ziehen oder auch abstoßen. Das kann in einer unbekannten Umgebung durchaus stärker sein als in einer vertrauten. Lassen Sie nun einmal die Ereignisse des heutigen Tages nochmals an Ihrem Bewusstsein vorüberziehen.

Was zieht Ihre Aufmerksamkeit an?
Wo bleibt sie neutral stehen?
Was stößt sie ab?

Was bereitete Freude?
Was fühlte sich unangenehm an?
Was empfanden Sie als gleichgültig?

Machen Sie das Gleiche mit der vergangenen Woche, mit vergangenen Monaten, Jahren oder sogar diesem Leben. Machen Sie sich bewusst, WODURCH Ihre Aufmerksamkeit angezogen oder abgestoßen wird.

Was verstärkt Ihre Aufmerksamkeit?
Was schwächt Ihre Aufmerksamkeit?

Und nun lassen Sie die Ereignisse noch einmal vorüberziehen, OHNE darauf zu reagieren. Wenn Ihre Aufmerksamkeit an einer bestimmten Sache haften bleibt, konzentrieren Sie sich erneut auf diesen Bereich und ziehen Sie Ihre Aufmerksamkeit wieder ganz bewusst ab.

Wiederholen Sie diesen Vorgang eventuell solange, bis die Aufmerksamkeit wieder gelöst bleibt. Machen Sie sich bewusst, was Sie denken und fühlen, aber benennen Sie es nicht. Gedanken und Gefühle sind keine Worte, und der Zeigefinger ist nicht das Gezeigte – nehmen Sie einfach nur wahr, ohne sich damit zu identifizieren.

So gehen Sie in die Position des Beobachters, indem Sie alles von außen betrachten. Geben Sie nichts und niemandem Namen, um es in Worte zu pressen, sondern schenken Sie allem, was Ihnen begegnet, die Freiheit. So können Sie sich davon lösen, indem Sie es freigeben und weder Ihre Aufmerksamkeit noch Ihre Emotionen und Gedanken darauf richten.

Wenn Sie behaupten, irgendetwas im Leben ließe sie nicht los, ist es nur Ihr Gedanke daran. Gedanken kann man ändern, dann werden sich auch die Umstände ändern, und wer frei von Reaktionen lebt, der ist auf dem Weg zu sich SELBST wieder ein Stück nach vorne gerückt.

DAS WESEN
DER AUFMERKSAMKEIT

*»Aufmerksamkeit und Liebe bedingen
einander wechselseitig.«*

Hugo von Hofmannsthal

Die verschiedenen Qualitäten
der Aufmerksamkeit

Die reinste Form von Aufmerksamkeit ist die *freie und ungebundene Aufmerksamkeit*. Neutral erschafft sie in jedem Augenblick genau das, worauf ich meine Freude richte. Es geschieht Heilung, Materialisation, Schöpfung, ursprüngliche Manifestation, wenn meine Aufmerksamkeit frei von Gedanken und Ablenkungen lediglich da ist.

Die *gebundene Aufmerksamkeit* ist fixiert und festgefahren, in einer Schöpfung »gefangen«. Gebunden ist sie in einem Sinneseindruck gefangen, den ich zuvor selbst erschaffen habe. Damit sie mir wieder zur Verfügung steht, werde ich sie irgendwann von den Eindrücken und dem Wahrgenommenen lösen müssen, sonst werde ich nicht frei sein.

Mit einem Wunsch oder einem Widerstand aufgeladene Aufmerksamkeit nennt man *geladene Aufmerksamkeit.* Sie ist dann mit einem persönlichen Wunsch behaftet und kann sich nicht frei bewegen. Sie steht mir nicht zur Schöpfung zur Verfügung, weil sie unfrei ist. Wünsche und Widerstände werden die Aufmerksamkeit immer in dem Maße färben, dass sie nicht in der Lage ist, unmittelbar und beliebig zu wirken.

Jede Identität oder Persönlichkeit »färbt« die neutrale Aufmerksamkeit. Wie durch einen Filter (Persönlichkeit) nimmt die freie neutrale Aufmerksamkeit die »Form« von Einschränkung und Gebundenheit an. Dadurch verformt, verfärbt und verfälscht sich auch das, was wir Realität nennen. Das Leben erfolgt also gehemmt und eingeschränkt.

Aus der Sicht der persönlichen Wahrnehmung, der Ich-Wahrnehmung, sind Wünsche und Widerstände immer vorhanden. Nur das SELBST ist frei von Widerständen und komplett unbeeindruckt von den Dingen, die wir ablehnen oder mögen. Befreite Aufmerksamkeit ist etwas Ursprüngliches und unbefreite Aufmerksamkeit ist das, was der Ursprung hervorgebracht hat. Somit ist die befreite Aufmerksamkeit etwas Natürliches und die unbefreite Aufmerksamkeit etwas Unnatürliches. Unser Wahres Wesen ist frei.

Die Aufgabe besteht nun darin, gebundene Aufmerksamkeit zu befreien, denn nur wenn ich eine freie Aufmerksamkeit lebe, kann das ganze Potenzial meines Wesens zum Ausdruck gebracht werden.

Solange ich beispielsweise alles, was ich sehe, als das ANDERE wahrnehme, es bewerte und einordne, ist meine Wahrnehmung verfälscht. Wer seine Aufmerksamkeit auf einen Baum richtet und ihn als solchen bezeichnet, ihn einordnet und darauf mit schön oder klein, groß oder hoch reagiert, der steckt in der persönlichen Wahrnehmung fest. Dann ist die Aufmerksamkeit in das Irdische abgeschweift und hat sich in der Illusion verloren.

Wer aber seine Aufmerksamkeit auf etwas richtet und weiß, dass dies einfach geschieht und er nichts dazu beitrug, dass es aus dem SELBST heraus einfach so ist, der ist frei. Da ist nichts, was ich Baum nennen müsste, er muss mir auch nicht gefallen und ich muss ihn auch nicht hübsch finden, denn das, was ich Baum nenne, ist, wie es ist.

So nehme ich als Bewusstsein in reiner Aufmerksamkeit Bewusstsein wahr, das meine Person als Baum bezeichnen würde. Da ist aber niemand mehr, der das feststellt, es ist ein einfaches SEIN, das unbeirrt seinen Weg geht.

Achtsamkeitsübung

So kann ich damit beginnen, ganz bewusst alle Schöpfungen um mich herum einfach zu beobachten und von Gedanken befreit auf mich wirken zu lassen:

Ich beobachte Gedanken, Gefühle, Dinge und Menschen, denn was immer ich als mein Gegenüber wahrnehme, ist meine persönliche Schöpfung. Ich ziehe die Aufmerksamkeit von all dem ganz bewusst ab und wandle sie in die freie Aufmerksamkeit um, die ich bin. Sobald ich merke, dass ich reagiere oder urteile, denke oder empfinde, ziehe ich die persönliche Aufmerksamkeit ab, und das, was bleibt, ist der Ursprung, der alles ist.

Am Anfang beobachte ich einfach nur meine persönliche Aufmerksamkeit und registriere, dass meine Aufmerksamkeit sehr chaotisch, gekünstelt und unnatürlich ist. Sie springt von einem Gedanken zum anderen, verliert sich in Gefühlen und Ereignissen, hat Einfälle und Ideen, wertet und vergleicht und tut vieles mehr. Ich stelle dann fest, dass ich überhaupt nicht HERR MEINER AUFMERKSAMKEIT bin, sondern dass mich die Aufmerksamkeit lebt. Ich lebe also mein Leben gar nicht selbst, sondern lasse es von allerlei Einbildungen, Mustern, Programmen und Irrtümern lenken. Und genauso sieht mein Leben auch aus, das nämlich chaotisch verläuft. Ich »lebe«, wie es mir gerade so in den Sinn kommt, und alles ist irgendwie halb und so lala. Nur wer HERR SEINER AUFMERKSAMKEIT ist, der wird wieder in die Allmacht zurückkehren, um sein »Wahres SEIN« zu erleben.

Wenn Sie gelernt haben, sich von Ihrer persönlichen Aufmerksamkeit nicht mehr auf der Nase herumtanzen zu lassen, wenn Sie die unpersönliche Aufmerksamkeit für sich entdeckt haben, dann werden Sie immer wieder damit beginnen, Aufmerksamkeit ausschließlich auf Ihr SELBST zu richten, also nicht auf eine Stelle im Körper, eine Eigenschaft, ein bestimmtes Verhalten oder ein Organ, sondern wirklich auf das SELBST. Halten Sie Ihre Aufmerksamkeit dort und erleben Sie, was geschieht. Das Lenken und Halten der Aufmerksamkeit ist der entscheidende Schritt zur persönlichen »Ent-wicklung«.

Es ist, als würden Sie ein Vergrößerungsglas ins Licht halten. Solange es Ihnen nicht gelingt, das Glas vollkommen still zu halten, passiert rein gar nichts. Gelingt es Ihnen aber, wird die Wirkung sofort sichtbar und spürbar sein. Ebenso ist es mit der »Schöpferischen Kraft«. Erst wenn Sie Ihre Aufmerksamkeit und Ihr komplettes Wesen auf einen bestimmten Punkt gerichtet halten, kann Schöpfung geschehen. Danach werden die persönlichen Anteile abgezogen, und was bleibt, ist das SELBST.

WIE MAN RICHTIG FÜHLT: EINE ÜBUNG

>*»Liebe ist die stärkste Macht der Welt,*
>*und doch ist sie die demütigste,*
>*die man sich vorstellen kann.«*
>*Mahatma Gandhi*

Der Mensch hat es verlernt, Gefühle wahrzunehmen. Er merkt es zwar, wenn er Schmerzen hat, und spürt auch, wenn er unzufrieden ist, aber ein tiefes, aufrichtiges *Gefühl* ist in Vergessenheit geraten. Der Mensch ist kalt und stumpf geworden, ohne es zu bemerken.

Eine unverzichtbare Voraussetzung für *sicheres Schöpfen* ist aber die Fähigkeit, sich mit einer Sache, einem Menschen oder einer Situation *identifizieren* zu können. Ich muss mich als der andere *fühlen*. Nur so kann ich zuverlässig unerwünschte Identifikationen *auflösen*. Ich muss sie bewusst *erleben*. Nur so kann ich eine Möglichkeit der Zukunft *anprobieren*, um sicher zu sein, dass ich sie auch wirklich schöpfen will. Vor allem kann ich nur so *bewusst* eine Überzeugung *wählen* und fühlen, wie sie sich *anfühlt*, und mich damit *erfüllen*. Nur so kann ich zuverlässig feststellen, wie ICH mich damit fühle.

Es ist kaum zu glauben, aber viele Menschen sagen, was sie *denken*, aber nicht, was sie *fühlen*. Gar nicht wenige können nicht einmal mehr zwischen Gedanken und Gefühlen *unterscheiden*. Dabei bedarf es, bevor ich *manifestiere*, der dazugehörigen Emotion, sonst wird das Erschaffene ausbleiben und weiterhin auf sich *warten* lassen.

Folgende Schritte können Sie *nachempfinden*, um sie nach und nach zu SEIN. Wiederholen Sie diese Schritte so oft wie möglich und nötig, denn *die Macht der Wiederholung* ist stark. Machen Sie daraus keine einmalige Sache. Wer sich täglich mit sich auseinandersetzt und jeden Tag Samen streut, der wird auch die Früchte ernten.

1. Ich fühle einmal ganz bewusst das andere und mache mir sein Anderssein bewusst. Noch bleibe ich in der scheinbaren Trennung: Ich fühle, sehe und weiß, dass es mich UND das andere/den anderen gibt.

2. Ich fühle MICH als das andere. Ich identifiziere mich ganz damit und werde eins damit, bis ich das andere BIN.

3. Ich fühle ALS das andere. Mich gibt es nicht mehr, sondern ich fühle als der Gegenstand, als die Situation, das Tier, der Mensch und dergleichen mehr.

4. Ich gehe nach Belieben in dieses Gefühl hinein und wieder daraus heraus. So kann ich auch Mehreres gleichzeitig fühlen, wenn ich das möchte.

5. Nun gehe ich einen Schritt weiter und beobachte das andere und mich selbst. So kann ich mich als das EINE fühlen und in Folge dessen als das EINE erfahren. Ich erlebe die Präsenz in ALLEM.

6. Ich BIN das Eine.

7. Ich bin das Individuelle im EINEN, ich bin die Energie, die alles lebt. Ich bin das EINE in der Individualität. Ich erkenne, ich bin nicht dies oder das, aber ich kann durch Wahl meiner Identifikation alles gleichzeitig sein. Ich werde zu dem, mit dem ich mich identifiziere, und bleibe dabei doch immer das EINE, das ich wirklich bin. So kann ich das eine oder das andere sein, aber auch alles oder nichts.

DIE KRAFT
DER KONTEMPLATION

»Aufmerksamkeit ist das Leben.«
Johann Wolfgang von Goethe

Was ist Kontemplation? Kontemplation ist die Krönung der Aufmerksamkeit. Kontemplation ist das Versinken in der Einheit. Es ist reine Anwesenheit.

Wahre Kontemplation setzt Gedankenstille voraus. Es ist ein natürlicher Zustand des Geistes von Ruhe, Frieden und Freiheit.

Es kann damit beginnen, dass ich mich als Beobachter beobachte. Gelingt das, kann ich mit der »Kontemplation des Tuns« beginnen. Mich ganz in sein Handeln vertiefen, indem ich meine volle Aufmerksamkeit auf das richte, was ich gerade tue oder was gerade ist. Es geschieht jenseits von Ablenkungen und ist absolut frei. Ich kann mich dabei auch ganz in mein Ziel versenken und mich dabei selbst ganz auflösen.

»Ich« bin nicht mehr da, aber mein Selbst ist dadurch noch bewusster.

Ein weiterer Schritt kann sein, sich an der unmittelbaren Erfahrung zu freuen. Das bedeutet, die Fähigkeit zu entwickeln, auch unangenehme Erfahrungen zu genießen und wertungsfrei zu belassen. **Wer unbeirrt lebt und sein Glück nicht von äußeren Umständen abhängig macht, dem wird es möglich, in ALLEM Harmonie zu erfahren.** Das ist ein Zustand der vollkommenen Losgelöstheit vom »Ich«, von dem, der da »handelt«.

Irgendwie gibt es mich gar nicht mehr, da ist nur noch Wahrnehmung. Der Wahrnehmende ist abwesend. Nur in diesem Zustand kann ich in die Einheit versinken, um zu erkennen, dass es nichts anderes gibt. Und da es mich nicht mehr gibt, ist da nichts – die Leere, die Erfahrung des Nirvana. Es ist eine Rückkehr in die Wirklichkeit hinter allen Erscheinungen, das Erkennen, dass in Wirklichkeit ALLES nur scheinbar ist, ohne irgendwie zu sein.

Das Eine tritt als eine Möglichkeit in Erscheinung, und da ist nichts anderes als DAS EINE. Es ist das Erleben der eigenen Göttlichkeit: »Außer mir gibt es nichts.«

Absichtslosigkeit stellt sich ein, und die Erkenntnis folgt, dass die eine Kraft, nämlich GOTT, nur gleichberechtigte Partnerschaften eingehen kann und eingehen wird.

Als Jesus sagte: »Ihr sollt vollkommen sein, wie der Vater im Himmel vollkommen ist«, da war das keine Aufforderung, sondern eine Feststellung. Der »Weg der Meisterschaft« ist die Erkenntnis, dass Sie JETZT bereits vollkommen SIND.

RÜCKBLICK AUF SICH SELBST

»Ganz er selbst sein darf jeder nur, solange er
allein ist. Wer also nicht die Einsamkeit liebt,
der liebt auch nicht die Freiheit;
denn nur, wenn man allein ist, ist man frei!«

Arthur Schopenhauer

Wir alle glauben, ein Bewusstsein zu haben, doch wir sind
es. Kaum jemand ist »bei Bewusstsein«. Worauf immer
Sie Ihr Bewusstsein richten, genau das verwirklicht das
Leben. Ihre Wirklichkeit entspricht Ihrem Bewusstsein,
das ist das Prinzip.

Der Grad Ihres Bewusstseins bestimmt Ihre Lebensumstände, die Aufgaben, die Ihnen das Leben stellt, und letztlich Ihr Schicksal. Sie aber bestimmen, in welchem Bewusstsein Sie leben.

Es beginnt damit, dass wir unseren Verstand überschreiten, um in die Grenzenlosigkeit des Bewusstseins einzutreten. Das bedeutet, nach innen zu lauschen und wahrzu-

nehmen, was wir wirklich sind. Wir sind das ATMAN-Bewusstsein, das SEIN, das SELBST.

Sobald wir das erkannt haben, wird uns unsere bisherige Persönlichkeit zu klein, und wir lassen die »Alltags-Persönlichkeit« los und fangen an zu leben als der, der wir wirklich sind. Dadurch erhöht sich ständig unser »Bewusstseins-Quotient«, und die individuelle Transformation vervielfacht sich.

Auf diesem Weg »ent-decken« wir den »Inneren Jungbrunnen« und das Geheimnis vollkommener Gesundheit. Wir treten ein in die unbegrenzten Möglichkeiten des menschlichen Geistes. Das alles führt zu einer unglaublichen Steigerung der Lebensqualität, und wir erkennen, dass man Lebenskunst lernen kann.

Wir fangen an, das Leben zu zelebrieren. Wir »entwickeln« uns »stimmig« mit dem Lebensfluss und erkennen, wie man in allem Erfüllung finden kann. Sobald wir die Begrenzungen der Persönlichkeit losgelassen haben, erleben wir bewusstes »ein-verstanden-SEIN«. Irgendwann erleben wir dann einen Durchbruch zur befreienden »Ein-Sicht«.

Der Weg vom »Ich« zum SELBST ist abgeschlossen, und wir leben im »Kosmischen Bewusstsein«. Rückblickend sehen wir: Leben heißt in Wirklichkeit, sich mehr und mehr zu »er-innern«, und in dem Maße, wie das geschieht, lassen wir unsere Persönlichkeit hinter uns und kommen ins »Unpersönliche Leben«.

Nun geht es darum, herauszufinden, wie man im »Höchsten Bewusstsein« bleibt, wie man vom Meisterbewusstsein zum Leben als »Ebenbild Gottes« kommt – so wie wir geschaffen und »gemeint« sind. Das ist einfach, aber keineswegs leicht: »Wir brauchen uns nicht zu ändern, sondern nur hervorzutreten.«

Was dann kommt, ist das eigentliche Leben, und wir erkennen, dass alles bisher nur Vorbereitung war. Das Abenteuer des wahren Lebens kann beginnen.

Irgendwann kommt im Leben eines jeden Menschen ein einmaliger Augenblick, und er wird sich seiner selbst bewusst. Von einem Augenblick zum anderen WEISS er plötzlich, wer er ist, wer er wirklich ist. Das Selbst-Bewusstsein erwacht. Der Mensch erwacht zu sich selbst und erfährt sich als das »Eine ATMAN-Bewusstsein Selbst«.

Dieser eine Augenblick verändert das ganze Leben. Nichts ist danach mehr so, wie es eben noch war. Es ist wie der Schritt von der Kindheit zum Erwachsenwerden. Die »Unschuld der Ahnungslosigkeit« hatte sicher auch ihre Vorteile, und sie war notwendig auf dem Weg hierhin. Nun ist sie aber vorbei, und nichts kann sie wieder zurückbringen. Nun wartet ein ganz neues Abenteuer auf uns, das Abenteuer des eigentlichen Lebens, und das kann man nur bewusst erleben.

Vielleicht haben Sie diesen einmaligen Augenblick bereits entdeckt, vielleicht geschieht er heute oder auch morgen. Auf jeden Fall haben Sie HEUTE die Chance, bewusst in die Faszination des eigentlichen Lebens einzutreten, bewusst die volle Verantwortung für ALLES, was geschieht, zu übernehmen und ganz bewusst die richtigen Ursachen zu setzen, damit das Richtige endlich geschehen kann.

Ich kann Ihnen nicht sagen, dass es leichter wird, als es bisher war, aber was ich Ihnen sagen kann ist, dass es interessanter sein wird.

Wenn Sie den Mut haben, den ersten Schritt in die Erkenntnis zu tun: »Ich bin der bewusste Schöpfer meines Lebens und meines Schicksals«, und somit anfangen bewusst zu schöpfen, dann wird es wunderbar sein.

Haben Sie keine Sorge, dabei Fehler zu machen, denn Sie können jederzeit wirklich ALLES verändern und »umerschaffen«.

Also kommen Sie zu Bewusstsein, indem Sie erkennen, dass Sie nie weg waren.

Sie hatten es nur vergessen.

WIE MAN ZU BEWUSSTSEIN KOMMT

*»Es mag sein, dass wir durch
das Wissen anderer gelehrter werden.
Weiser werden wir nur durch uns selbst.«*

Michel de Montaigne

Die klassischen Wege, um zu Bewusstsein zu kommen, sind Meditation, Gebet, Yoga oder Zen. Es sind langwierige Wege, und sie erfordern Geduld und Beharrlichkeit. Man kann aber auch den Weg der Erkenntnis gehen und sein ICH-BIN-Bewusstsein erkennen. Man erkennt es, weil es ja nicht erworben werden kann. Immerhin war ich niemals etwas anderes als dieses eine SEIN. Ich war es immer und werde es immer sein. ICH BIN es ja.

Sobald ich mich wieder an mich selbst »er-innere«, bin ich da, wo mich das Leben haben will. Erst dann erfüllt sich der Göttliche Plan. Bis dahin bedarf es einer gewissen Ausdauer, immer wieder dahinter zu sehen, und wer diesen Plan noch nicht verwirklicht hat, bei dem gibt es irgendwelche

Hindernisse, welche die bewusste Rückkehr in die Wirklichkeit des Seins verhindern. Das ist dann etwas, womit ich mich identifiziere und das mich so festhält, dass ich nicht über meine Begrenztheit hinaus gelangen kann.

Ich kann mich aber an mein Bewusstsein annähern, mich Schritt für Schritt herantasten. Das geht beispielsweise mit folgenden Fragen: »Wer bin ich? Ich BIN in diesem Körper, doch WER ist das? Wer denkt meine Gedanken, wer fühlt meine Gefühle und wer will da zu Bewusstsein kommen? Ist es das, was ich wirklich bin?« Wenn ich glaube, nicht der zu sein, für den ich mich halte, muss ich mich wohl in irgendeiner falschen Identifikation befinden, und wenn ich irrtümlich eine andere Identifikation angenommen habe, muss ich die ja irgendwann »betreten« haben. Also kann ich sie auch wieder verlassen.

Will ich meine Identifikation wieder verlassen, bedarf es zuvor jedoch der Erkenntnis, dass ich weder Körper noch Verstand sein kann. Ich kann die Identifikation jederzeit beenden und wieder in die Wirklichkeit meines Seins zurückkehren, dann kann ich auch bewusst wieder in eine andere Identifikation gehen. Aber ich bleibe mir dabei stets bewusst, wer oder was ich wirklich bin. Ich kann ganz bewusst in die Begrenzung einer menschlichen Erfahrung eintauchen, aber ich bleibe dabei stets ewiges Sein.

Darum muss ich mich nicht bemühen, die Identifikation zu verlassen, und es bedarf auch keinerlei Anstrengung, denn ICH BIN es ja. Ich muss nur damit aufhören, mir einzubilden, etwas anderes als Bewusstsein zu sein. Die Sinnesobjekte führen mich immer wieder in diese Täuschung, deswegen sollte ich so oft wie möglich innehalten und mich immer wieder hinterfragen: »Was bin ich? Ist es das, was ich wirklich bin?«

Mich mit etwas zu identifizieren, erfordert eine gewisse Energie, denn ich muss ja etwas sein, was ich gar nicht bin. Das hört sich nicht nur anstrengend an, das ist es auch. Der zu sein, der ich bin, ist hingegen vollkommen mühelos. Da ist nichts zu tun, denn ich bin ja das, was ich sein will. Ich war immer das, nach dem ich suche, und nun bin ich einfach der, der ich bin. Also brauche ich nicht zu Bewusstsein »kommen«, denn ich war ja nie weg. Ich kann gar nichts anderes als Bewusstsein sein, und indem ich damit aufhöre, mich mit etwas anderem zu identifizieren, werde ich das auch bewusst erfahren können.

Ich bin und war und werde immer Bewusstsein SEIN. Das ist meine »Ur-Identifikation«, denn in Wirklichkeit BIN ICH nicht Bewusstsein, sondern ich bin, der ICH BIN. Ewige Gegenwart und reine Existenz. Jedes »Etwas« ist ja schon wieder eine Identifikation, und ICH BIN ist die einzige Wirklichkeit.

Es bedarf täglicher Achtsamkeit und einer ständigen Neuausrichtung des Bewusstseins. Wer dies nicht überprüft und seine Gedanken abschweifen lässt, der wird sich auch nicht als Bewusstsein erfahren.

POWER FÜR
DEN GANZEN TAG

»Wenn man fühlt, dass man mit den Jahren vielleicht
an Übersicht und Geschmack gewonnen hat,
so glaubt man einigen Ersatz zu sehen,
wenn sich Energie und Fülle nach und nach verlieren.«
Johann Wolfgang von Goethe

Jeder Mensch trägt eine unerschöpfliche Quelle von Lebensenergie in sich, und jeder, der im Leben Höchstleistungen
vollbringt, nutzt diese Quelle bewusst oder unbewusst. Wer
diese Quelle der Kraft in sich nicht findet, bleibt durchschnitt-
lich, mag er sich auch noch so sehr bemühen.

Die Quelle dieser Energie sitzt am unteren Ende der Wirbelsäule. Sie können sie aktivieren, wenn Sie einen bestimmten Muskel anspannen. Bei Anspannung dieses Muskels fließt
die Kraft *über die Wirbelsäule und die verschiedenen Ener-*
giezentren Ihres Körpers in den Kopf. Wenn Ihr oberstes
Energiezentrum offen ist, dann fließt es auch in den Bereich
Ihres Bewusstseins, das über dem Kopf angesiedelt ist.

So können Sie Ihre natürliche Energie innerhalb kurzer Zeit um mehrere 100 % steigern, und der Anstieg ist sogar messbar.

Die Shaolin-Mönche kannten diese Quelle der Lebensenergie und aktivierten sie mit bestimmten Übungen, die als die »Unsterblichkeits-Übungen« des Gelben Kaisers überliefert sind. Die Krone der Könige und Kaiser ist ein Symbol für diese erwachte Energie. Er zeigt ihre Ausstrahlung, denn sobald diese Energie aktiviert ist, steigert sich Ihre Ausstrahlung um ein Vielfaches. Das beeinflusst auch die Menschen in Ihrer Umgebung in Ihrem Sinne, ohne dass Sie dabei etwas Bestimmtes sagen oder tun müssen.

Die Shaolin-Mönche aktivierten diese Energie durch Anspannen eines Muskels, den Sie dazu benutzen, wenn Sie beim Wasserlassen den Fluss unterbrechen wollen. Normalerweise sind wir gewohnt, diesen Muskel für 2 bis 3 Sekunden anzuspannen, und sobald wir das tun, beginnt die Energie durch die Wirbelsäule zu fließen.

Dabei spüren wir eine Veränderung im Kopf oder – wenn wir in der Wahrnehmung sind – in unserem Bewusstsein.

Die praktische Übung

Beginnen Sie damit, den Muskel beim Wasserlassen zu trainieren, indem Sie den Strahl durch Anspannung des Muskels mehrfach unterbrechen. So können Sie den Muskel auch lokalisieren und, sobald Sie ein Gefühl für ihn entwickelt haben, Ihr Training jederzeit fortsetzen. Achten Sie darauf, dass Ihr Rücken beim Sitzen gerade ist, damit die Energie fließen kann!

Überprüfen Sie zunächst, wie lange Sie den Muskel angespannt halten können. Das werden anfangs wahrscheinlich nicht mehr als einige Sekunden sein.

Wiederholen Sie diesen Vorgang mindestens 10 Mal hintereinander, jeweils mit einer kleinen Pause von einigen Sekunden. Schon nach einer Woche Training werden Sie den Muskel für 20 bis 30 Sekunden anspannen können.

Trainieren Sie den Muskel danach 3 Mal täglich jeweils 10 Mal, wobei Sie versuchen, ihn so lange angespannt zu halten, wie es Ihnen möglich ist. Nach 3 bis 4 Monaten sollten Sie dann in der Lage sein, den Muskel für 30 Minuten angespannt zu halten.

Danach genügt eine mehrfache »Aufladung« am Tag, wobei Sie diese Übung während der Arbeit, beim Autofahren oder auch beim Fernsehen mit Leichtigkeit durchführen können.

Wenn Sie so weit sind, haben Sie bereits eine Geistige Klarheit erreicht, von der Sie vorher nicht einmal zu träumen wagten, weil Sie sich eine solche »Geistesgegenwart« gar nicht vorstellen konnten.

☙ • ❧

Es hat sich bewährt, diesen Muskel nur allmählich zu trainieren, weil sich Ihre Nerven erst an den »Starkstrom« – den starken Energiefluss – gewöhnen müssen. Sobald das geschehen ist, schalten sich immer neue Gehirnareale ein, die bis dahin geruht haben und sich erst aktivieren, wenn das Gehirn ein bestimmtes Energieniveau erreicht hat.

Ihr Genie erwacht, Ihre Kreativität vervielfacht sich, Intuition ist ständig verfügbar und Sie werden Ihre Entscheidungen »treffen«, statt sie wie bisher zu »fällen«. Sie entfalten ein ganz neues Bewusstsein, aber da es allmählich geschieht, wird Ihnen selbst der Unterschied gar nicht so sehr auffallen, wie es Ihrer Umgebung auffallen wird.

Es kann sein, dass Ihre Entwicklung manchem geradezu unheimlich erscheint.

Achten Sie darauf, dass Sie gerade sitzen, denn bei normal gekrümmtem Rücken kann diese Energie nicht fließen. Stellen Sie sich vor, Sie setzen einen Wirbel auf den anderen, so dass die Wirbelsäule ganz gerade ist.

Es funktioniert – ohne Ausnahme – bei jedem, denn jeder verfügt über diese Quelle. Der Fluss allerdings ist abhängig von der körperlichen und in erster Linie natürlich von der geistigen Haltung des Menschen.

Da diese Energie auch die Vitalkraft Ihres Körpers vervielfacht, verändert sich dabei Ihre gesundheitliche Situation ganz von selbst. Dies wird in einem sehr erfreulichen Ausmaß geschehen. Ihre Leistungsfähigkeit wird sich unglaublich steigern, und Sie werden dabei das Gefühl haben, dass alles viel leichter geht als zuvor.

Lassen Sie sich überraschen!

Sobald Ihr Energieniveau auf diesem hohen Level ist, werden Ihre Hirnanhangdrüse (Hypophyse) und Ihre Zirbeldrüse (Epiphyse) stimuliert und aktiviert und es entsteht ein zusätzlicher Verjüngungsprozess, der nicht zu übersehen ist.

Mit der Aktivierung immer neuer Gehirnareale werden immer neue Fähigkeiten auftauchen, die Ihnen vorher nicht zur Verfügung standen.

Sobald Sie aber mit dem Training nachlassen, wenn also der erforderliche Betriebsstrom nicht mehr zur Verfügung steht, werden sich diese Areale wieder abschalten.

Aber keine Sorge: Wenn Sie es einmal praktiziert und das Ergebnis erfahren haben, werden Sie nicht mehr darauf verzichten wollen. Sie werden einen wahren »Quantensprung in Ihrem Bewusstsein« erleben und zu einem ganz neuen Menschen erwachen, der das Leben bestimmt. Die eigene Genialität wird Sie immer mehr faszinieren, und Sie werden immer mehr Ihre eigene geistige Größe erkennen.

Als Mensch sind Sie zwar nicht vollkommen, aber das, was Sie wirklich sind, ist Vollkommenheit.

Erkennen Sie, zentrieren Sie sich und werden Sie frei.

IN SEINE
EIGENE MITTE KOMMEN

> *»Das Herz muss in Harmonie und Ruhe sein,*
> *dann erst wird es heiter.«*
>
> Lü Buwei

Ganz gleich, wo ich stehe, als was ich lebe, welche persönlichen Ziele oder welche Vorlieben ich habe, es ist unser aller Ziel, in unsere Mitte zu kommen.

Die Mitte aller Dinge ist Gott, der uns lenkt. Ihn in uns zu entdecken ist der einzige Grund, warum wir hier auf Erden geboren sind. Wenn unser Wesen wieder in Balance ist, wenn also Geist und Materie in Harmonie sind, dann bin ich ...

- *jenseits von Ursache und Wirkung,*
- *jenseits von Täuschung und Trennung und*
- *jenseits von Schöpfung und den Gesetzmäßigkeiten der individuellen Realität.*

Wenn ich meine Balance gefunden habe, dann bin ich im reinen Sein, bin wieder Essenz, Ursprung und die ALL-

EINE KRAFT. Da gibt es kein »Ich« mehr, niemanden, der schöpft, keinen, der will, wertet und sich sorgt.

Das »persönliche Ich« hat das Spiel des Ursachensetzens beendet, nur das SEIN erschafft die »entsprechenden« Umstände weiter jeweils im richtigen Augenblick. Ist dies geschehen, dann bin ich in meinem ATMAN-Bewusstsein angekommen.

Die erste Erkenntnis auf dem Weg dorthin ist, dass die Suche endet. Tatsächlich BIN ich nämlich bereits dort angekommen und in Wirklichkeit war ich gar nie woanders.

ȣ • ȡ

Wenn ich mich als etwas anderes erlebe, muss ich mich aktiv von meinem ATMAN-Bewusstsein entfernt haben, aber das geht nur über die Illusion. Ich muss in eine Identifikation und weiter in eine Schöpfung gegangen sein, um mich nicht mehr als die EINE KRAFT zu erleben, sondern als die Identifikation, die ich gewählt habe.

Ich erlebe mich als dieses Geschöpf, das ich keineswegs bin. Wie soll das gemeint sein, ich bin es nicht?

Irgendwann habe ich als Ursprung meine erste Schöpfungsblase geschaffen, indem ich mich über den Körper, den ich MEINEN nenne, identifiziert habe. Es begann mit dem Wörtchen ICH. Als ich das erste Mal »Ich bin« oder »Ich habe« sagte, bin ich aus der Freiheit des SEINS in das Gefängnis der Persönlichkeit eingetreten, die sich als

»Kreatur« erfährt, als etwas Geschaffenes. Auch Vorstellungen von Gut und Böse, von Oben und Unten, von Warm und Kalt sind so entstanden, und aus der Vollkommenheit wurde Unvollkommenheit. Diese Vorstellungen wurden zu Überzeugungen, die wieder Ergebnisse hervorbrachten, die zu Erfahrungen führten, die meine Überzeugungen nur verstärkt haben.

Von diesen Ergebnissen und Erfahrungen kann ich über die selbst geschaffenen Überzeugungen wieder zurückgehen zum Ursprung des ICH BIN, der reinen Existenz meines »Wahren SEIN«s«. Dazu brauche ich die Fähigkeit, dies auch wirklich zu WOLLEN. Verstand und Ego stehen mir hierbei nicht im Weg. Ich mache sie zu meinen Verbündeten, denn nur über das Menschsein kann ich zum »Wahren SEIN« gelangen. Ego und Denken sind uns sehr hilfreich, wenn wir endlich damit aufhören, Sie aus dem Weg räumen zu wollen.

Nutzen wir doch all unsere irdischen Eigenheiten, damit wir schnellen Schrittes bei uns SELBST ankommen. Nutzen wir auch die wunderbare und einzigartige Fähigkeit, unsere Aufmerksamkeit beliebig zu lenken und auf die Wirklichkeit gerichtet zu halten. Erst dann lebe ich selbstbestimmt und werde nicht mehr von der Umwelt, der Erziehung, den Meinungen und Wünschen anderer gelebt und manipuliert.

Von da an bin ich nicht mehr irgendeine beliebige Spielfigur, sondern ein ganz bewusster Spieler. Wer entdeckt hat, dass er in Wirklichkeit die EINE KRAFT ist, die als Spieler »in Erscheinung« tritt, für den wird alles einfach sein. Ich bin auch nicht die Spielfigur, sondern das, was die Spielfigur lenkt und in Erscheinung gerufen hat. Dann bin und bleibe ich mir auch während des Spiels dessen bewusst, was ich wirklich bin.

Es folgt der bewusste Umgang mit all den Schöpfungen, die ich erschaffen habe, das Wissen um sie – das Wissen, dass ich derjenige bin, der ALLES geschaffen hat, was ich als »mein« Leben bezeichne. Dieses Wissen wird meine Begrenzungen nach und nach abbauen. So kann ich für das Leben die volle Verantwortung übernehmen, weil ich weiß, was Leben ist, und weil ich auch erfahren habe, was ich nicht sein kann.

Wenn ich beim Erleben einer selbst geschaffenen Schöpfung außerhalb dieser Schöpfung bleibe und in meiner Wahren Identität ruhe, bin ich ein wahrer Meister des ATMAN-Bewusstseins. Ich ruhe dann in meiner eigenen Mitte, die der Mittelpunkt des Universums ist, durch den ich in alle weiteren Dimensionen sehen und gehen kann.

So wird auch die Liebe als Ausdruck meines Wahren Wesens lebendig und stark. Der, der keine Urteile kennt und dem ein »Haben wollen« fremd ist, der ist Liebe.

Wir sollten immer in diesem Bewusstsein bleiben, denn wir sind Götter, die auf die Spielebene schauen, um dort als Spieler in Erscheinung zu treten.

Genießen wir es, unser Spiel zu spielen, und bleiben wir Gott, der ein Spiel spielt, ohne uns irrtümlich für die Spielfigur zu halten. Die waren wir nie und werden wir auch nie sein, denn wir sind das unveränderliche Eine BEWUSSTSEIN, das ATMAN.

In und außerhalb dieses Spiels können wir ständig Heilung geschehen lassen, das ist das natürliche Potenzial unserer Vollkommenheit.

Nutzen Sie es – am besten JETZT!

VOLLKOMMEN SEIN

> *»Ohne Freunde können wir*
> *kein vollkommenes Leben führen.«*
> Dante Alighieri

Sobald Ihnen die Macht Ihres Bewusstseins, *alles* verändern zu können, wieder bewusst geworden ist, *wird* sich alles verändern. Wenn *wir* uns wandeln, wird das auch die *Welt* verändern. So können wir sie eines Tages ein bisschen *besser* zurücklassen, als wir sie vorgefunden haben. Es beginnt damit, dass wir unsere *Innenwelt* verändern.

Machen wir uns einmal unsere Mitte bewusst und werden wir uns »als Selbst« dieser Mitte bewusst. Unser SELBST ist unsere Mitte – es ist das, was wir sind.

- Ich ruhe in der Mitte meines SEINS.
- Dabei erkenne ich mich als ein Energiefeld, das eine bestimmte Schwingung hat.
- Ich kann diese Schwingung jederzeit verändern und verändere damit nicht nur mein Sosein, sondern auch

meine Realität, die durch die Schwingung meines Energiefeldes bestimmt wird.

- Indem ich mich verändere, verändere ich die Welt.
- Ich beginne mit meiner Innenwelt und fühle mich in mir selbst, in meinem SELBST, als ich SELBST wohl.
- Ich erfülle meinen Körper und mein ganzes Sein mit einem wunderbaren Wohlgefühl und genieße es, mich in mir selbst, als SELBST, wohl zu fühlen.
- Ich habe Achtung vor mir selbst, und während sich dieses wunderbare Wohlgefühl in meinem ganzen Körper ausdehnt, lasse ich noch eine andere Energie in mir wirksam werden.
- Ich lasse Klarheit in mir entstehen, eine alles durchdringende Klarheit, in der ich die Wirklichkeit hinter dem Schein erkennen kann. Vielleicht erscheint aber auch die Lösung für eine Aufgabe, die vor mir liegt, oder ich erfahre, wie ich ein Ziel leichter und sicherer erreichen kann.
- Ich spüre eine Klarheit, in der ich wieder unmittelbaren Zugang zu meiner Intuition habe und in jedem Augenblick erkennen kann, was zu tun ist.
- Während mich dieses wunderbare Wohlgefühl und die alles durchdringende Klarheit erfüllen, lasse ich in mir Sicherheit und Selbstvertrauen entstehen.
- Das erfüllt mich mit einer unglaublichen Souveränität und mit der Gewissheit, dass ich von nun an jede Situation optimal beherrschen kann.

- Wenn ich es will, kann ich diese Energien von nun an ständig in mir wirken lassen, indem ich sie mir immer wieder einmal bewusst mache und neu aktiviere. Mit diesem Wohlgefühl einer alles durchdringenden Klarheit und einer absoluten Souveränität gehe ich von nun an ganz bewusst und zielsicher durch mein Leben.
- Diese Klarheit befähigt mich dazu, zu tun, was zu tun ist. Alles geschieht mit Freude – ausnahmslos!
- Das lehrt mich, in JEDEM Augenblick mich selbst, mein SELBST, zu beherrschen und mein Sosein frei zu bestimmen.
- Wenn ich bereit bin, schließe ich mich nun wieder an die EINE KRAFT an und beende die Illusion der Trennung ein für allemal.

SEGENSREICHE HEILUNG GESCHEHEN LASSEN

> *»Genieße mäßig Füll und Segen! Vernunft sei*
> *überall zugegen, wo Leben sich des Lebens freut.*
> *Dann ist Vergangenheit beständig, das Künftige*
> *voraus lebendig, der Augenblick ist Ewigkeit.«*
> Johann Wolfgang von Goethe

- Wieder werde ich mir in meiner Mitte als Energie und Bewusstsein bewusst.
- Ich lasse nun mein Bewusstsein einmal weiter werden, bis es meinen ganzen Körper ausfüllt. Dann öffne ich von innen her mein Kronenchakra, die höchste Stelle meines Kopfes, und wachse über mich hinaus.
- Ich lasse mein Bewusstseinsfeld so weit werden, dass es meinen Körper überall überschreitet. Ich bin nicht mehr im Körper, denn der Körper ist in mir.
- Ganz bewusst tauche ich ein in die mich umgebende »Kosmische Energie« und werde so eins mit der EINEN KRAFT.

- Über mein weit geöffnetes Kronenchakra lasse ich nun die EINE KRAFT in mich einströmen, die meinen ganzen Körper und mein ganzes Sein erfüllt.
- Diese EINE Kraft wirkt nun als Heilkraft in mir.
- Ich spüre bewusst, wie das Heil SEIN der EINEN KRAFT alles »Un-Heil« in meinem Körper und ganzen Dasein auflöst, und ich erlebe, wie ich immer heiler werde.
- Ich lasse so bewusst in mir Heilung »geschehen«. Wenn ich bereit bin, bleibe ich von nun an ständig über mich »hinausgewachsen« und »angeschlossen« an die EINE KRAFT. So wird Heilung zu einem natürlichen Zustand.
- Ich laufe nie mehr »auf Akku«, sondern bin ständig »in der Kraft« der EINEN Kraft.
- Die »Illusion der Trennung« ist beendet. Ich bin wieder in mein »Wahres SEIN« zurückgekehrt.
- Wenn ich bereit bin, kann ich nun in dieser Einheit mit der EINEN KRAFT meine Umgebung verändern.
- Ich beginne damit, die Raumatmosphäre zu verändern, indem ich mein Bewusstsein mit einer bestimmten Energie erfülle, etwa mit Wohlwollen, und dann mein Bewusstsein weit werden lasse, bis es den ganzen Raum erfüllt.
- Ich spüre einmal bewusst die Energie von Wohlwollen in diesem Raum. Wenn ich bereit bin, füge ich eine andere Energie hinzu, indem ich diese Energie in meinem

Bewusstsein erzeuge und den ganzen Raum mit dieser Energiequalität meines bewussten SEINS erfülle.

- So kann ich von nun an die Atmosphäre eines JEDEN Raumes ganz bewusst mit Klarheit, Miteinander, Sicherheit oder Erfolg bestimmen. Das geht auch, wenn ich selbst nicht in diesem Raum bin oder der Raum weit entfernt ist. Entfernung spielt für Energie keine Rolle, und es kann auch über JEDE Entfernung hinweg Heilung geschehen.
- Ich kann so eine Beziehung oder eine Situation über die Entfernung hinweg harmonisieren und heilen.

Die Größe des Raumes, in dem ich so Heilung geschehen lasse, ist ohne Bedeutung. Es kann ein Mensch, eine Wohnung, ein Haus, eine Stadt oder die ganze Welt sein. Heilung geschieht immer im gleichen Augenblick meines Heil SEINs, denn das ATMAN-Bewusstsein ist heilend und Heil SEIN in sich.

Natürlich kann nicht nur Heilung, sondern JEDE beliebige Energiequalität transportiert werden. Ich kann so auch die stärkste Kraft des Universums, die Liebe, wirken lassen. Voraussetzung dafür ist, dass ich Liebe in mir geschehen lassen kann und danach Liebe bin. Das ATMAN-Bewusstsein ist Liebe. **Liebe ist kein Gefühls-, sondern ein SEINS-Zustand.** Liebe kann nur wirken, wenn das Selbst anwesend ist. Erst wenn ich mich bedingungslos liebe, dann wird Liebe auch durch mich wirken. Sie wird alle Grenzen sprengen und Unvorstellbares in Bewegung setzen. Nur in dem Maße, wie ich mich Selbst liebe, ICH SELBST BIN, kann Liebe durch mich geschehen.

Auch die Macht des Segnens wartet nur darauf, zum Wohle aller eingesetzt zu werden. Die Macht des Segnens setzt die stärkste Kraft des Universums unmittelbar in Tätigkeit und beginnt im gleichen Augenblick segensreich zu wirken.

Dabei kann wirklich ALLES gesegnet werden. Ein SE-GEN ist ebenfalls heilvolle Energie, die sich heilsam über alles legt und es verändern kann. Die Form des Segnens ist ohne Bedeutung. Ich kann den Segen sprechen, kann ihn aufschreiben, kann ihn denken oder fühlen. Alles, was ich so ehrlichen Herzens segne, ist im gleichen Augenblick gesegnet. Ich werde so zum Segen für mich und alles, was mich umgibt.

Ein segensreiches Leben hat dann so richtig begonnen, wenn ich meinem SEGEN, meinem Selbst, begegne und zu mir selbst erwache. Segnen Sie alles. Essen Sie nur noch Gesegnetes und lassen Sie Gedanken, Worte und Taten zu segensreichen Ursachen werden.

Ein Weiser, der als ATMAN-Bewusstsein lebt, ist selbst ein Segen. Allem, was er berührt oder ansieht, wird eine heilsame Erfahrung offenbar.

ATMAN, ERFÜLLE MICH

»Die Zeit ist eine Erfindung der menschlichen Unrast,
der Erfüllte kennt sie nicht.«

Paul Bertololy

Ich lasse alles los.

Ich atme ganz tief.

Ich atme ein paar Atemzüge ein und ein paar Atemzüge aus.

Ich komme ganz bewusst HIER und JETZT an.

Ich lasse meinen Atem jetzt von selbst geschehen und beobachte ihn einfach nur.

Ich gestatte dem Atem, dass er immer ruhiger und tiefer
wird.

Ich lasse ihn los, lasse ES geschehen und erlebe: ES ATMET
MICH.

Während mein Atem geschieht, komme ich immer mehr
bei mir selbst an.

Ich stimme mich immer mehr auf mich selbst ein.

Ich komme ganz bewusst in »EIN-Klang« mit mir selbst,
bis ich ganz bei mir selbst angekommen bin.

ICH BIN ganz bewusst, als ich selbst, im Hier und Jetzt.

Während ich in mir ruhe, erlebe ich, wie alles von mir abfließt, was nicht meinem innersten Sein entspricht.

Ich werde immer freier und klarer.

Ich werde immer weiter und präsenter.

ICH BIN.

ICH BIN ganz bewusst.

Ganz bewusst BIN ICH.

Ich werde mir dieser Qualität immer mehr bewusst und BIN ganz einfach nur hier.

Ich genieße es, bei mir selbst angekommen zu sein und einfach nur zu SEIN.

In diesem Angekommensein mache ich mich jetzt ganz weich und weit.

Ich öffne mein Sein und spüre die Energie, die mich umgibt.

Ich fließe ganz bewusst in das Ganze.

Als Ganzes verschmelze ich mit Allem-was-ist und spüre den FLUSS des Lebens. Alles fließt.

Ich bin im Einklang mit mir Selbst und allem und fließe mit dem lebendigen Strom des Lebens.

ICH BIN in sich ruhend.

ICH BIN fließend.

ICH BIN eins.

ICH BIN.

DURCH DAS »TOR DES ATMAN« GEHEN

»Enten legen ihre Eier in Stille.
Hühner gackern dabei wie verrückt.
Was ist die Folge? Alle Welt isst Hühnereier.«

Henry Ford

Der einzige Weg, Gott zu finden, besteht darin, nicht außerhalb von mir, sondern in mich zu schauen. Die Suche bringt mich nicht zur Göttlichkeit, das wäre ein Trugschluss, aber Er wird mich finden, wenn ich mich dafür geöffnet habe, mich finden zu lassen.

Das einzige wirkliche Abenteuer ist, sich SELBST, sein SELBST, Gott in sich zu »ent-decken«. Das Tor zum innersten Glanz, der jedem Menschen innewohnt, ist nicht verschlossen. Es ist offen und kann jederzeit durchschritten werden. Wir aber sehen das Tor nicht. Würden wir es sehen, dann würden wir bemerken, dass es niemals verschlossen war.

Das physische Tor zu einem höheren Bewusstsein kann durch die Imagination bewusst geöffnet werden. Es ist das

Corpus callosum, die anatomische Verbindung der linken und rechten Gehirnhälfte, wo sich das Zentralnervensystem mit dem Gehirn verbindet.

Wer durch das Tor hindurchgeht, der wird das Geheimnis des Lebens unmittelbar erkennen können. Was folgt, ist der Durchbruch zu einer befreienden Einsicht. Ab diesem Moment erlebt sich das »kosmische Bewusstsein« als sich selbst.

Erst der so Vollendete ist der wahre Mensch.

Und so bereiten Sie sich auf das Durchschreiten des Tores vor:

Ich beobachte meinen Atem.
Ich verändere nichts, sondern beobachte nur.
Ich atme in den linken Lungenflügel.
Danach atme ich in den rechten Lungenflügel.
Nun atme ich einmal ganz bewusst in beide Lungenflügel gleichzeitig.
Und obwohl es sich anfühlt wie normales Atmen, ist es doch ganz anders.

Nun atme ich senkrecht nach unten in den Unterbauch.
Ich mache mir bewusst, was dabei mit mir geschieht.

Nun atme ich senkrecht nach oben, über den Körper hinaus.
Ich mache mir bewusst, wie sich das anfühlt.

Nun atme ich nach unten und oben gleichzeitig.

Ich atme nach vorne, und ich atme nach hinten.

Nun atme ich in diese beiden Richtungen gleichzeitig und dehne meine Aura so weit aus wie nur möglich.

Nun atme ich nach links.

Danach atme ich nach rechts.

Ich atme nach beiden Seiten gleichzeitig.

Ich atme nun von meiner Mitte aus nach allen Seiten gleichzeitig über den Körper hinaus in meine Aura.

Meine Aura ist mein Atemraum.

Mein Atemraum ist damit größer als mein Körper. Dies ist die natürliche Vollatmung.

Wenn ich bereit bin, bleibe ich von nun an dabei.

Und so durchschreiten Sie das Tor des ATMAN:

- Ich beobachte meine Gedanken.
- Ich suche mir einen bestimmten Gedanken aus, den ich gerne denke.
- Nun denke ich diesen Gedanken nur mit meiner linken Gehirnhälfte.
- Und nun denke ich diesen Gedanken nur mit meiner rechten Gehirnhälfte.
- Ich mache mir den Unterschied bewusst.
- Ich öffne nun ganz bewusst die Verbindung zwischen beiden Seiten. Dies geschieht wie in der Vorstellung,

in der Imagination, in der ich beispielsweise eine Schiebetür aushänge.

- Ich nehme den Gedanken in den neuen »Denkraum« mit und mache mir bewusst, wie sich das anfühlen mag.
- Ich denke den gleichen Gedanken mit dem Bauch als Denkraum.
- Ich denke den gleichen Gedanken mit meinem Herzen.
- Ich denke den gleichen Gedanken mit dem Dritten Auge.
- Ich denke den gleichen Gedanken mit meinem Kronenchakra.
- Nun denke ich den gleichen Gedanken in ALLEN Denkräumen gleichzeitig.
- Ich denke mit meiner Aura als neuem Denkraum. Damit befinde ich mich im »holistischen Denken«.
- Ich öffne in der Imagination diesen neuen Denkraum wie ein Ei und denke den gleichen Gedanken mit dem ganzen Universum als Denkraum.
- Ich bin damit im »universellen Denken«.
- Wenn ich mit dem ganzen Universum denke, WER BIN DANN ICH?
- Ich erkenne mich als NICHTS, als reine Existenz, als die Eine Kraft.
- Ich bin zurückgekehrt ins wahre Leben.
- ICH BIN.

Das Tor ist geöffnet. Nun lebe ich in der bewussten SELBST-Identifikation, in der ständigen Achtsamkeit und

Wahrnehmung. Wenn ich das »Tor des Himmels« geöffnet habe, dann kann ich in die »Zeitlosigkeit« eintreten und dort auch bleiben. Ich erkenne die Stille als Weg zu mir selbst und tue bewusst das, was ich gerade tue.

Wenn ich trinke, dann trinke ich. Wenn ich lese, dann lese ich ganz, und wenn ich ruhe, dann ruhe ich vollkommen. Ich »er-innere« mich ständig an mein SELBST und rede, denke, handle und fühle als das Eine ATMAN-Bewusstsein.

Frei von Urteilen nehme ich wahr und erkenne das, was IST. Ich sehe nicht das, was erscheint, sondern den Ursprung der Erscheinungen. Ich tauche ein in das innere Schweigen und verweile darin. Ich bleibe weder emotional noch gedanklich in Dingen stecken, die geringer sind, als ICH es BIN.

Die Erkenntnis der »Weisheit der Unwissenheit« beendet meine Suche. Mein unpersönliches und ganz bewusstes Leben lässt mich die vollkommene Verantwortung für dieses übernehmen.

DIE ESSENZ:
DAS ATMAN-BEWUSSTSEIN
LEBEN UND ERFAHREN

>*»Erfahrung ist eine Schule, in der ein Mensch lernt,*
>*was für ein großer Dummkopf er gewesen ist.«*
>*Josh Billings*

Ankommen, Erwachen, Erleuchtung oder wie auch immer wir es nennen ist ein ganz natürlicher Zustand. Es ist das, was wir wirklich sind. Man kann nicht erleuchten, man IST erleuchtet. Man kommt nirgends an, weil man immer schon hier ist, und man erwacht immer nur zu sich selbst. Man »er-innert« sich seiner selbst ganz plötzlich, und das geschieht in einem einzigen Augenblick.

Wenn man von ganzem Herzen bereit dazu ist, dann geschieht es. Es sich einfach nur zu wünschen, reicht nicht aus, um in sich anzukommen.

❧ • ❧

Wenn Ihnen der Unterschied zwischen Wollen und Möchten nicht ganz klar ist, dann gibt es eine kleine Zen-Geschichte, die das verdeutlichen kann:

Ein Meister und sein Schüler gingen an einem Fluss entlang, als der Schüler den Meister fragte: »Meister, wie werde ich erleuchtet?« Der Meister fasste den Schüler am Kragen, zog ihn zum Ufer und drückte seinen Kopf vollständig unter Wasser. Nach einer Weile fing der Schüler an, um sich zu schlagen, und versuchte verzweifelt sich zu befreien, vergeblich. Schließlich, als er schon dem Ertrinken nahe war, ließ der Meister los. Der Schüler schoss japsend aus dem Wasser. Als er sich gefasst hatte, fragte ihn der Meister: »Was ist in dir vorgegangen, als ich dich unter Wasser gedrückt habe?« Und der Schüler sagte: »Anfangs gingen mir alle möglichen Gedanken durch den Kopf. Als Sie dann nicht losließen, erfüllte mich nur noch ein Wunsch: *Luft, Luft, ich brauche Luft.*« Nun sagte der Meister: »Wenn du in der gleichen Intensität nach deinem Ziel strebst, kannst du es nicht mehr verfehlen.«

Voraussetzung für den Weg, zum ATMAN-Bewusstsein zu erwachen, ist das Loslassen der eingebildeten Identität. Alles, von dem ich denke, dass es mich ausmacht und somit ein Teil von mir ist, also zu mir gehört, trennt mich nur von mir selbst. **Haben Sie Mut und machen Sie das Märchen vom »Etwas«, das auszog, um zum NICHTS zu werden, zur einzigen Realität.** Nichts kann man nicht werden, und man kann es auch nicht sein. Man kann sich nur einbilden, dieses »Etwas« zu sein, das man aber niemals gewesen sein kann.

Weil ich glaube, »Etwas« zu sein, erlebe ich das Leben als Mangel. Alles ist aber bereits als Möglichkeit vorhanden, und es wartet nur darauf, von mir in »Erscheinung« gerufen zu werden. Alles Bisherige ist lediglich die Vorbereitung auf das wahre Leben.

In der Kontemplation komme ich über die »Punktzeit« in die Zeitlosigkeit und versinke mit dem Ganzen in die Einheit, indem ich erkenne, dass der Suchende der Gesuchte ist.

Das, was wir Realität nennen, ist nur ein kleiner Ausschnitt einer Wirklichkeit. Ich erkenne das nur, wenn ich zur »Ein-Sicht« komme.

Das ATMAN-Bewusstsein trägt alle Weisheit in sich und lebt mehrdimensional. Es ist sich mehrerer Daseinsebenen gleichzeitig bewusst. Es ist alterslos und unsterblich.

Niemals kann es den Körper verlassen, denn es ist immer hier.

Nun kennen Sie die Spielregeln des Lebens und wissen, wie Sie alles zu verwirklichen vermögen, was Sie auch glauben können. Wie? Indem Sie es verursachen! Nur Sie allein entscheiden, ob und wann Sie das wiederentdeckte Wissen nutzen und die notwendigen Schritte tun. Das Wort »unmöglich« gibt es für Sie nicht mehr.

Sie verlassen den Weg des Leidens und betreten den Weg der Erkenntnis. Es genügt nicht, etwas zu wissen, Sie müssen es auch tun. Jeder Gedanke ist eine Ursache, die eine entsprechende Wirkung erzielt.

Im Universum geht nichts verloren, alles wird immer nur umgewandelt. »Wie innen so außen« ist eine Gesetzmäßigkeit des Universums, die genau wie das »Resonanzprinzip« zuverlässig wirkt. Was ich in den Wald hineinrufe, wird als Echo zurückschallen. Wenn Sie »Hallo« rufen, wird kein »Grüß Gott« zu Ihnen zurückkehren können. Sie ziehen immer genau das an, was Ihnen entspricht, und was Sie säen, wird Ihre Ernte sein. Deshalb empfiehlt sich ein bewussteres Dasein – und es ist ratsam, das Leben zu erkunden und es sich etwas genauer anzusehen.

Es gibt keine Probleme, sondern nur Aufgaben und Lösungen, die mir dabei helfen, Erkenntnisse zu sammeln. Ich kann alles erreichen, was innerhalb meiner Grenzen liegt.

Alles ist eine Chance!

Ich kann meine Grenzen erweitern, indem ich sie erkenne und überschreite. Ich nehme wahr, was zu tun ist, und lasse das Stimmige durch mich zum richtigen Zeitpunkt geschehen.

❧ • ❧

Möge Ihnen das ATMAN-Bewusstsein ein reiches und erfülltes Leben bescheren.

Öffnen Sie das Tor zu sich SELBST, dann wird sich Ihr Leben wundersam ändern, ohne Absicht und frei von willentlichem Tun.

Alles geschieht ganz einfach und ohne Anstrengung, wenn Sie bereit sind hinzusehen und zu fühlen. Beenden Sie die Suche und erkennen Sie jetzt und hier, dass es nichts zu finden gibt. Sie sind bereits das, was Sie sich so sehr ersehnen.

Leben Sie den Alltag bewusst und lassen Sie das Wissen rund um das ATMAN-Bewusstsein in Ihr Leben einfließen. Leben Sie es!

Kurt Tepperwein, einer der bekanntesten deutschen spirituellen Lehrer, wurde 1932 in Bad Lobenstein geboren, einer kleinen Stadt mit Rittersitz im Thüringer Schiefergebirge auf dem Verbindungsweg von Leipzig nach Bamberg. Nach langjähriger Tätigkeit als Unternehmensberater und Heilpraktiker widmete er sich voll und ganz dem Mysterium Leben. Er studierte Kulturen und Philosophien an vielen

Orten der Welt und auf verschiedenen Kontinenten. Als Bewusstseinsforscher, Seminarleiter und Autor sieht er seine Aufgabe darin, mit Authentizität und Hingabe seine wertvollen Erkenntnisse an spirituell Interessierte und nach dem Lebenssinn suchende Menschen weiterzugeben. Seine Fähigkeit, Menschen zu begeistern und zu faszinieren, hat er sich nicht erst aneignen müssen, sie ist auch nicht antrainiert, sondern beruht auf eigenen Erfahrungen.

Wie kaum ein anderer versteht er es, die materielle und geistige Sicht der Dinge zu umfassen und in einer harmonischen Ganzheit zu betrachten. Davon zeugen seine mehr als 80 Bücher, die teilweise längst zu Klassikern der Erfolgsliteratur geworden sind. Mit seinen Kompakt-Ausbildungslehrgängen beispielsweise zum Lebens-, Intuitions-, Mental- oder Kausal-Berater erreicht er schon seit Jahren als Coach und Trainer nicht nur Topmanager und Spitzensportler, er spricht mit seinem lebensbejahenden und natürlichen Wesen auch jeder Altersgruppe und Berufsgruppe aus dem Herzen. Sein Hauptinteresse bei der Vermittlung von Wissen gilt dabei dem Lebensthema Nr. 1 – »Zufriedenheit und Erfüllung im Alltag zu erfahren«.

Begleitend zum vorliegenden Buch erschienen
die CDs »Das Leben bewusst meistern!« und
»Weil du einzigartig bist ...«
mit geführten Meditationen von Kurt Tepperwein.
Überall im Handel erhältlich!

WIE MAN DIE KRAFT DES GLAUBENS ANWENDET

von Napoleon Hill

1. Werden Sie sich darüber klar, was Sie wirklich wollen, und legen Sie fest, was Sie im Gegenzug dafür zu geben bereit sind.

2. Wenn Sie Ihre Ziele und Wünsche durch Gebete bekräftigen, versuchen Sie dabei, sich vorzustellen, Sie hätten sie bereits verwirklicht. Handeln Sie so, als seien sie bereits erreicht. Vergessen Sie nicht, dass wir alles zunächst in unseren Gedanken, in unserem Geist formen.

3. Öffnen Sie Ihren Geist, so dass er stets bereit ist, sich auch von innen heraus führen zu lassen. Falls Sie eine Vorahnung haben, die Ihnen nahelegt, Ihre Pläne zu ändern oder einem neuen Plan zu folgen, dann handeln Sie ohne Zögern oder Zweifel.

4. Wenn Sie ein zwischenzeitlicher Rückschlag zurückwirft – dies kann durchaus häufiger passieren–, dann denken Sie immer daran, dass der Glaube eines Menschen auf vielerlei Art geprüft werden kann. Ihr Misserfolg ist vielleicht nur eine dieser Testphasen, die sich im Nachhinein als Stärkung

erweist. Finden Sie in dieser Niederlage den An-
sporn, sich noch mehr zu bemühen. Setzen Sie
Ihren Weg in dem festen Glauben fort, dass Sie am
Ende erfolgreich sein werden.

5. Eine negative Einstellung zerstört die Fähigkeit
zum Glauben und wird jedes Vorhaben zu einem
negativen Ende führen. Ihre geistige Einstellung
ist das Allerwichtigste. Sie müssen daher die vollkommene Kontrolle über Ihren Geist übernehmen
und ihn von allen unerwünschten Einmischern befreien, die dem Glauben nicht freundlich gesonnen
sind. Sie müssen Ihren Geist dauerhaft freihalten,
ganz gleich, wie viel Mühe es kostet.

6. Lernen Sie, der Kraft Ihres Glaubens Ausdruck zu
verleihen, indem Sie eine klare Beschreibung Ihres
wichtigsten Zieles im Leben aufschreiben. Diese
Aufzeichnung sollten Sie als Grundlage für Ihre
tägliche Meditation benutzen.

7. Verbinden Sie möglichst viele der zuvor beschrie-
benen Verhaltensregeln mit Ihrem wichtigsten Ziel.

8. Erstellen Sie eine Liste mit all den Vorzügen und
Vorteilen, die Sie sich von der Verwirklichung Ihres Lebenszieles erwarten. Rufen Sie sich diese
tagtäglich immer wieder ins Gedächtnis. So machen Sie ihren Geist erfolgsbewusst.

9. Pflegen Sie, so weit es möglich ist, viel Umgang
mit Personen, die dem Ziel, das Sie erreichen wol-

len, zugeneigt sind. Ermuntern Sie sie dazu, Sie so gut wie möglich zu unterstützen.

10. Lassen Sie nicht einen einzigen Tag verstreichen, ohne nicht wenigstens einen kleinen, aber erkennbaren Schritt in Richtung der Verwirklichung Ihres Zieles zu machen. Denken Sie immer daran: Der Glaube ohne Taten ist nutzlos.

11. Wählen Sie eine wohlhabende, mutige Person mit Selbstvertrauen als Ihren Schrittmacher aus. Nehmen Sie sich vor, mit dieser Person nicht nur Schritt zu halten, sondern Sie noch zu übertreffen. Tun Sie dies aber im Stillen, ohne jemanden in Ihren Plan einzuweihen. Angeberei hätte fatale Folgen für Ihren Plan, denn Eitelkeit oder Egoismus schaden dem Glauben sehr.

12. Umgeben Sie sich mit Büchern, Bildern, Wandsprüchen und anderen suggestiven Stützen, die Ihre Zuversicht, die auf Glauben beruht, stärken. Schaffen Sie so um sich herum eine Atmosphäre des Wohlbehagens und des Erfolges. Diese Gewohnheit wird ungemein fruchtbar sein und zu erstaunlichen Ergebnissen führen.

13. Machen Sie es sich auch zur Gewohnheit, unangenehmen Situationen niemals auszuweichen. Stellen Sie sich ihnen und klären Sie sie gleich an Ort und Stelle. Sie werden sehr schnell erkennen, dass sich solchen Situationen zu stellen – ohne

Angst vor den Folgen – bereits 90 % ihrer erfolgreichen Bewältigung ausmacht.

14. Erkennen Sie die Tatsache an, dass alles, was zu besitzen sich lohnt, einen festen Preis hat. Der Preis für den Glauben liegt, unter anderem, in der selbst auferlegten Pflicht, ständig über die Einhaltung dieser einfachen Verhaltensregeln zu wachen. Beharrlichkeit muss Ihre Parole sein!

All diese Schritte führen zur Entwicklung und zur Erhaltung einer positiven Geisteshaltung – und nur in ihr kann der Glaube wohnen. Sie führen sowohl zu einem reichen Bewusstsein und zu einer gesunden Seele als auch zu einem reich gefüllten Geldbeutel. Füttern Sie Ihren Verstand deshalb ständig mit geistiger Nahrung von solcher Art. Ihr Geist wird auf das Ziel Ihrer Wünsche eingestimmt bleiben, und Sie werden die Gewissheit spüren, es bald zu erreichen.

Der Schlüssel zu jedem Menschen, sagte Emerson, sind seine Gedanken. Das ist wahr. Jeder Mensch ist das Ergebnis seiner bisherigen Gedanken!

Lesen Sie bitte weiter in dem Taschenbuch
»Glaube an dich und werde reich« von Napoleon Hill,
256 Seiten, 12,80 €, erschienen im Amra Verlag.
Überall im Handel erhältlich!

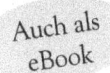